Chris Stadtlaender –
«Die kleine Welt» am Frauenplan

CHRIS STADTLAENDER

«Die kleine Welt» am Frauenplan
Der Alltag Goethes mit Christiane Vulpius

Nachwort
ROBERT STEIGER

PENDO

Copyright © 1987 by Chris Stadtlaender

1. Auflage: Heimeran Verlag München, 1966

Umschlagzeichnung von Andreas Brylka
Typografie: Bernhard Moosbrugger
Gesamtherstellung: Kösel, Kempten
Neu aufgelegt im pendo-verlag, Zürich 1987
ISBN 3 85842 138 3

Vorwort

Wenn dieses Buch den Versuch unternimmt, das Werk Goethes mit seinem Alltag, sein Hauswesen aber – in einem höheren Sinne ausdeutbar – mit seiner geistigen Welt zu verknüpfen, dann mag es auf den ersten Blick scheinen, als würde damit das Bild des Dichters, wie es uns überliefert ist und bis auf diesen Tag lebendig blieb, in einem gewissen Sinne der «Vereinfachung» preisgegeben. Mehr noch: als ginge es darum, den Olympier ausschließlich als Hausvater vom Weimarer Frauenplan darzustellen.

Doch das Gegenteil ist der Fall. Indem wir Goethes Häuslichkeit, seine «kleine Welt», seine «Wohnung des Friedens», vor unserem Auge erstehen lassen – und zwar aus seiner eigenen Sicht wie aus der seiner Zeitgenossen – zeigen wir den ruhenden Pol in seinem Leben auf, zu dem es ihn immer wieder in beseligter Heimkehr zurücktrieb.

Goethes Liebe zu seinem Haus am Frauenplan war und blieb zeit seines Lebens eine unglückliche! So oft er den Frieden des Heimes suchte, das er nach seinen eigenen Worten «nicht zum Wohlleben, sondern zu möglicher Verbreitung von Kunst und Wissenschaft» einrichtete, so willkommen war ihm der Abschied, wenn es ihn hinaustrieb in die Welt oder zu intensiver Arbeit nach Jena, woher er doch bald sehnende Briefe schrieb, Briefe reich an Wünschen nach den kleinen Annehmlichkeiten des Alltags, wie sie ihm stets unentbehrlich erschienen, aber auch reich an liebenden, fürsorgenden Gedanken an die Seinen, die Menschen seiner Umgebung. Der Literaturhistoriker Albert Köster sagte in diesem Zusammenhang: «Selbst das schwere Jahr 1813 zeigt ihn uns lebenskräftig und voll Feuers; denn er hat im eigenen Hause, am täglichen Tisch die guten Geister, die ihm die Schwere des Daseins ertragen helfen: Christiane und die übrigen Lustigen von Weimar.» Und Goethe selbst bemerkte dazu in seinen Notizen «Nach Falkonet und über Falkonet»: «Wie viele Gegenstände bist du im Stande so zu fassen, daß sie aus dir wieder neu hervorgeschaffen werden mögen? Das frag ich dich, geh vom Häuslichen aus und verbreite dich, so du kannst, über alle Welt.»

«Geh vom Häuslichen aus!» Goethe schuf sich ein Heim, er kultivierte es in erlesener Weise, er wirkte darin – nach innen, indem er sich zu neuem Werk, zu frischem Beginn sammelte, nach außen, indem es ihn zu vielfältiger Entfaltung trieb – und dieses zweifache Wirken erscheint uns vor allem als bezeichnender Goethe'scher Wesenszug. Aus solcher Sicht erwächst die Berechtigung, ja die Notwendigkeit, den Alltag des Genius, sein Tusculum und das geschäftige Leben und Treiben darin, eingehend zu betrachten.

Was der Dichter als Lebensbekenntnis im 31. seiner Venezianischen Epigramme schrieb, das mag symbolisch auch für seine «kleine Welt» am Weimarer Frauenplan gelten:

> Immer war mir das Feld und der Wald, und der Fels
> und die Gärten
> Nur ein Raum, und du machst sie, Geliebte, zum Ort.
> Raum und Zeit, ich empfind es, sind bloße Formen
> des Anschauns,
> Da das Eckchen mit Dir, Liebchen, unendlich mir scheint.

Wir haben hier bewußt nur einen befristeten Zeitraum aus Goethes Leben gewählt. Denn sein Gartenhäuschen war doch mehr oder weniger ein Provisorium, und als sein eigentliches Heim und Hauswesen konnte nur das gelten, dem Christiane mit Liebe und geschäftiger Sorge vorstand.

Diese Spanne seines Lebens beginnt mit der Rückkehr von Italien im Juni 1788 und endet mit dem Tode der Lebensgefährtin am 6. Juni 1816. Es war wohl die glücklichste, reichste Zeit seines Lebens; das spricht aus jeder Zeile seiner Briefe, aus mancherlei Äußerungen und Aufzeichnungen, wie sie hier festgehalten sind.

Es ist mir ein Anliegen, einer Reihe von Persönlichkeiten für ihre so liebenswürdige, einfühlsame Mitarbeit an meinem Buch zu danken. Es sind dies vor allem: Herr Professor Alfred Jericke von den Nationalen Forschungs- und Gedenkstätten der Klassischen Deutschen Literatur in Weimar, Herr Dr. Handrick, Kustos am Weimarer Goethe-Museum, Freiherr Dr. von Maltzahn, der Direktor des Goethe-Museums in Düsseldorf; Frau Anna Deetjen in Weimar, Herr Dr. Wolfgang Vulpius, Weimar – der letzte Nachfahre der Familie Goethe und direkte Ur-Großneffe von Christiane Vulpius. Ihnen gilt mein besonderer Dank!

Chris Stadtlaender

1788

Metamorphose

Nach längerem Reiseleben traf Goethe am 18. Juni 1788, von Rom kommend, wieder in Weimar ein. Er fand alles verändert. Die Umgebung, die Freunde, das Altvertraute wie das Fernerliegende. «... Aus Italien, dem formreichen, war ich in das gestaltlose Deutschland zurückgewiesen, heiteren Himmel mit einem düsteren zu vertauschen; die Freunde, statt mich zu trösten und wieder an sich zu ziehen, brachten mich zur Verzweiflung. Mein Entzücken über entfernteste, kaum bekannte Gegenstände, mein Leiden, meine Klagen über das Verlorene schien sie zu beleidigen, ich vermißte jede Teilnahme, niemand verstand meine Sprache...» So schilderte Goethe in seiner «Morphologie», im Abschnitt «Schicksal der Handschrift», seine Lage.

Was Goethe nicht aussprach war, daß er selbst sich gewandelt hatte. Im Süden fand er sich selbst, und sein ferneres Wirken sollte im Zeichen der «wahren Wiedergeburt» stehen. Aus dem «Solidewerden des Geistes» nach jenen römischen Tagen, der Wandlung vom Jüngling zum Manne, sah er die ihn umgebenden Dinge mit gänzlich anderen Augen.

Überblicken wir heute Goethes Schicksalsweg, so erkennen wir deutlich die Wandlung seines Wesens, die ihn in seinem neununddreißigsten Lebensjahr ernstlich nach der Festigung seiner Verhältnisse und damit nach der ihm bestimmten Häuslichkeit Ausschau halten ließ. Er erstrebte die Enthebung von den Nöten des Alltags zur Befreiung seiner geistigen Kräfte, die mehr denn je zur Entfaltung drängten.

Nie zuvor hatte Goethe so deutlich gespürt, daß

ihm die Wärme des eigenen Hausstandes fehlte und Menschen, denen sein Wohl alle Tage am Herzen lag. In diesem Hausstand wünschte sich der Geheime Rath ein Wesen, das – ihm eng verbunden, doch ohne Einschränkung seiner freien Lebensform – alle seine leiblichen Erfordernisse befriedigen würde, unter besonderer Berücksichtigung des «gemütlichen Elementes», der Harmonie wechselseitiger Beziehungen.

Eine Lebensgefährtin dieser Art kannte und liebte Goethe von Kindheit an. Es war seine Mutter. Solange er denken konnte, war sie die Seele des väterlichen Hauswesens, der gute Geist, dem alles unterstand, die ordnende Hand, deren Liebe jeder spürte, die unermüdliche Kraft, die das Hauswesen in Schwung hielt – immer gegenwärtig, wo sie gebraucht wurde, still zurücktretend in ihren Bereich, wenn Umstände und Sitte es erforderten.

Goethe ahnte, daß die eine, die seinem Hausstand vorstehen sollte, anders sein müsse als die vielen, die ihm nahegestanden hatten, daß sie seiner Mutter gleichen müsse.

Von ihm selbst wissen wir, wie er sich seine Gefährtin erhoffte:

> Ich wünsche mir eine hübsche Frau,
> Die nicht alles nähme gar zu genau,
> Doch aber zugleich am besten verstände,
> Wie ich mich selbst am besten befände. *Zahme Xenien*

Und er gab auch eine Deutung dessen, «wie er sich selbst am besten befände». Fünf Dinge waren es, die Goethe von den Göttern erflehte:

> Gebt ihm auch, was er bedarf! Mäßiges braucht er, doch viel:
> Erstlich freundliche Wohnung, dann leidlich zu essen, zu trinken

Gut; der Deutsche versteht sich auf den Nektar, wie ihr.
Dann geziemende Kleidung und Freunde, vertraulich zu
schwatzen;
Dann ein Liebchen des Nachts, das ihn von Herzen begehrt.
Diese fünf natürlichen Dinge verlang ich vor allem.

«Natürliche Dinge», ein natürliches Wesen also war es, was er verlangte. So schieden denn alle aus, die sich von dem hohen Weimarischen Beamten und bedeutenden Dichter den Hof machen ließen, die geistreiche Gespräche mit ihm in den Salons führten und, wie Frau von Stein, seiner geistig würdig gewesen wären. Nein, Goethe ersehnte sich ein Mädchen, frisch, fröhlich, bescheiden und mit häuslichen Tugenden begabt. Ein Geschöpf vielleicht, wie es ihm einmal schon flüchtig über den Weg gelaufen war, die kleine Kunstblumenmacherin in der Fabrik seines Freundes Bertuch.

Die beiden so ungleichen Menschen sollten sich wieder begegnen. Und das Schicksal wollte, daß sie sich nicht mehr trennten.

Am 12. Juli 1788 trat Christiane Vulpius dem Geheimen Rath im Weimarer Park entgegen. Sie gab ihm einen Brief mit der Bittschrift ihres Bruders Christian August, eines jungen Gelehrten. Trotz eifrigen Studiums der Rechts- und Geschichtswissenschaften, trotz seines vielgelesenen Romanes «Rinaldo Rinaldini», mancher Dramen, Prologe und Epiloge, war ihm noch nichts Rechtes geglückt. Und Goethe sollte helfen.

Christiane war dreiundzwanzig Jahre alt. Ein hübsches, frisches Geschöpf aus schlichten Verhältnissen, das bewundernd zum ersten Mann Weimars, nach dem Herzog, aufblickte. Sie hatte «lachende Augen, schwellende Lippen, ihre Wangen strahlten von rosiger Gesundheit, die Gestalt war klein und zierlich und von reizender Fülle». Kurz zuvor hatte Goethe in seiner Verlassenheit der Sehnsucht Ausdruck verliehen:

> Die ihr Felsen und Bäume bewohnt, o heilsame Nymphen,
> Gebet jeglichem gern, was er im stillen begehrt!
> Schaffet dem Traurigen Trost, dem Zweifelhaften
> > Belehrung,
> Und dem Liebenden gönnt, daß ihm begegne sein Glück.

Nun begegnete ihm dieses Glück in der Gestalt Christianes. Goethe verwendete sich für den jungen Vulpius und sah auch die Schwester wieder. Mehr und mehr lernte er das Mädchen schätzen in seiner unverbildeten, liebenswerten Schlichtheit. Goethes Verse aus dieser Zeit sprechen es aus:

> Auf den Lippen war die stille Treue,
> Auf den Wangen Lieblichkeit zu Hause,
> Und die Unschuld eines guten Herzens
> Regte sich im Busen hin und wieder...

Goethes Verlangen nach dem eigenen Herd ließ aus der Liebschaft sehr rasch die Lebensgemeinschaft werden, von der er später sagen sollte:

> Lange sucht ich ein Weib mir, ich suchte, da fand ich nur
> > Dirnen,
> Endlich erhascht ich dich mir, Dirnchen, da fand ich ein
> > Weib.
> Ob erfüllt sei, was Moses und die Propheten gesprochen,
> An dem heiligen Christ, Freunde, das weiß ich nicht recht.
> Aber das weiß ich, erfüllt sind Wünsche, Sehnsucht und
> > Träume,
> Wenn das liebliche Kind süß mir am Busen entschläft...

Und in den Venezianischen Epigrammen drückt sich der ganze Überschwang seines Glückes aus:

> Sage, wie lebst du? Ich lebe! und wären hundert und hundert
> Jahre dem Menschen gegönnt, wünscht' ich mir morgen,
> > wie heut!

Neuer Beginn

Damals bewohnte der Dichter einige Räume im Hause am Frauenplan. Die verschwiegenen Plätzchen aber, an denen er sich mit seiner «Kleinen» traf, waren das hübsche Gartenhäuschen im Weimarer Park und das große Jägerhaus, wo er später, nämlich von November 1789 bis zum Sommer 1792, eine Zuflucht fand, als er das Stockwerk am Frauenplan aufgegeben hatte.

Es fand sich allmählich, daß Christiane dem Liebsten diese oder jene Arbeit verrichtete, ihm auch wohl eine Mahlzeit bereitete, in seinen Sachen nach dem Rechten sah. Zur Übersiedlung in Goethes Haushalt kam es erst Monate später.

Im Frühjahr 1789 konnte der Hausschatz dem Geliebten Gewißheit geben, daß neues Leben sich anmeldete, und Goethe wandelte dieses Ereignis auf seine Art froh und anmutig in Verse:

> Ach, mein Hals ist ein wenig geschwollen! so sagte die Beste
> Ängstlich. – Stille, mein Kind! still! und vernehme das Wort:
> Dich hat die Hand der Venus berührt; sie deutet dir leise,
> Daß sie das Körperchen bald, ach! unaufhaltsam verstellt.
> Bald verdirbt sie die schlanke Gestalt, die zierlichen Brüstchen;
> Alles schwillt nun, es paßt nirgends das neuste Gewand,
> Sei nur ruhig! es deutet die fallende Blüte dem Gärtner,
> Daß die liebliche Frucht schwellend dem Herbste gedeiht.

Schon Weihnachten 1789 beherbergte Goethes Wohnung im großen Jägerhaus die kleine Familie: Christiane, das inzwischen geborene Söhnchen August und ihn, den jungen Vater.

Christianes Liebe und Ergebenheit für Goethe,

das Gefühl der Ehrfurcht, mit dem sie zu ihm aufsah, machten ihr den Wechsel aus ihrem eigenen, bescheidenen Leben in die großzügige Umgebung leicht. Es war, als habe sie dem geliebten Manne einen immerwährenden Dank abzustatten, daß sein Blick auf sie gefallen sei. In diesem Gefühl stand sie einem Hauswesen vor – nimmermüde, froh und voller Arbeitslust, wie Goethe es von seiner Mutter her kannte. Die Freude an dem kleinen Gustel, das Glück der Zweisamkeit strömten auf Goethe über.

> Die Liebste ... spähet sorglich den Wünschen des Mannes,
> dem sie sich eignete, nach ...
> Denn vor andern verlieh der Schmeichlerin Amor die Gabe,
> Freude zu wecken.

Wechselvolles Dasein

In den ersten drei Jahren, 1790, 1791 und 1792, in denen Goethe und sein Hausschätzchen beisammen waren, ereignete sich allerlei. Da waren Goethes Reisen nach Venedig, nach Schlesien und Galizien; da war 1791 die Geburt des zweiten Kindes, eines Knaben, der tot zur Welt kam. Da waren neue Werke des Dichters. Die «Venezianischen Epigramme» beschäftigten ihn, wie eine erste Bearbeitung des «Gross-Cophta» als Oper. Es entstanden die Gedichte «Morgenklagen» und «Der Besuch», die «Römischen Elegien» und der «Tasso».

Währenddessen rührte Christiane sich emsig in Haus und Garten. Der alte Garten am Stern wurde neu angelegt. Viele der Blumenbeete mußten Gemüsepflanzungen weichen, die Rabatten erforderten neue Ordnung, Bäume waren auszuschneiden. Von Christianes anfänglicher Unkenntnis in gärtnerischen Dingen zeugt zuerst Goethes liebend-unterweisendes Gedicht, «Die Metamorphose der Pflanzen», in dem er sich direkt an sie, seine Gärtnerin aus Neigung, wendet.

> Dich verwirrt, Geliebte, die tausendfältige Mischung
> Dieses Blumengewühls über dem Garten umher;
> Viele Namen hörest du an, und immer verdränget
> Mit barbarischem Klang einer den andern im Ohr.
> Alle Gestalten sind ähnlich, und keine gleichet der andern;
> Und so deutet das Chor auf ein geheimes Gesetz,
> Auf ein heiliges Rätsel. O könnt' ich dir liebliche Freundin,
> Überliefern sogleich glücklich das lösende Wort! –
> Werdend betrachte sie nun, wie nach und nach sich die
> Pflanze,
> Stufenweise geführt, bildet zu Blüten und Frucht...

Niemals hat Goethe es seiner Gefährtin schöner gesagt als hier, wie er ihrer beider Verhältnis ideal zu erheben wünsche:

> ...Freue dich auch des heutigen Tags! Die heilige Liebe
> Strebt zu der höchsten Frucht gleicher Gesinnungen auf,
> Gleicher Ansicht der Dinge, damit in harmonischem
> Anschaun
> Sich verbinde das Paar, finde die höhere Welt.

Im Garten fand der Botaniker Goethe sich *in praxi* auf das Schönste bestätigt. Seine Feigenkultur gedieh ebenso wie der Spargel, der Wein reifte am Gartenhaus und überwucherte fast die Front bis zum Altan hinauf. Orangenbäumchen wurden hochgepäppelt und türkischer Weizen. Kein Wunder, wenn die Gärten am Stern und beim Hause zu den schönsten in Weimar gehörten. Da gab es Kaiserkronen mit ihren großen roten Blüten, Levkojen, gefüllte Lychnis, Nelken, Reseden, Rosen, Stiefmütterchen, Tulpen und Veilchen in köstlicher Pracht.

Die Liebe zur Gärtnerei verband Goethe und Christiane mehr als jedes andere Gebiet ihres gemeinsamen Lebens. Und immer wieder suchte Goethe den Vergleich mit dem Pflanzenreich, wenn er

Christianes Wesen erhellen wollte, wie in dem Vers aus «Frühling übers Jahr»:

> Was im Garten am reichsten blüht,
> Das ist des Liebchens lieblich Gemüt.
> Ein immer offen,
> Ein Blütenherz,
> Im Ernste freundlich
> Und rein im Scherz.

1792

Umbau des Hauses am Frauenplan

In der zweiten Hälfte des Jahres 1792 rief der Feldzug nach Frankreich Goethe an die Seite des Herzogs. Inzwischen überwachte Christiane die gestaltenden Arbeiten im Hause. Goethe hatte seine Wünsche in Skizzen und Plänen festgelegt. Dabei kam ihm zu Hilfe, daß er das Haus genau kannte, denn er hatte ja schon jahrelang darin gewohnt. Als nun Haus und Garten durch eine Schenkung des Herzogs an ihn fielen, war er mit allen Räumlichkeiten voll vertraut.

Der vormalige Besitzer, Paul Johann Friedrich Helmershausen, ein Weimarischer Arzt, hatte das bedeutsame Wort «Ad gloriam dei et civitatis ornamentum – Zur Ehre Gottes und der Zierde der Stadt!» in die Supraporte über dem Eingangstor einmeißeln lassen. Daß es zu dieser Zierde wurde, dafür trug Goethe Sorge. Beim Umbau stand ihm der Herzog großzügig zur Seite. Er trug alle Kosten, die daraus entstanden. Es war Carl Augusts Wunsch, Goethe möge seinen Besitz ganz zu eigen nehmen, ohne materielle Rücksichten noch Bedenken.

Sieben Jahre – von 1782 bis 1789 – hatte Goethe in dem Hause gewohnt. Jetzt ging er mit dem ganzen

Reichtum seiner Phantasie, mit seinem Kunstsinn und dem tiefen Verlangen nach behaglicher Häuslichkeit daran, es zu gestalten und einzurichten. Nicht von ungefähr schrieb er in einem Brief an den Herzog: «Ich richte dieses Haus nicht zum Wohlleben ein, sondern zu möglicher Verbreitung von Kunst und Wissenschaft.» Außer für seine eigene Behaglichkeit und die der Seinen, plante er das Haus auch für die anderen, die Besucher, die Kunstfreunde und Verehrer von nah und fern. Sie in all die Schönheit einzulassen, ihnen Wertvolles, Bleibendes auf den Weg mitzugeben, danach trachtete Goethe.

Sein besonderes Anliegen waren die Umbauten. Vor allem wünschte er die Neugestaltung der Treppe zum Obergeschoß. Aus seiner Erinnerung an Formen, die ihm in Venedig begegnet waren, fertigte er Entwürfe an. Es waren jene Treppen, über die er im Tagebuch am 11. Oktober 1786 notiert hatte: «Man wird nicht müd auf und ab zu steigen.»

Sie waren ihm Sinnbild jeden Emporstrebens. Sie nach Goethes Wünschen umzubauen, hieß, im Parterre zwei Räume aufzugeben und zu einem zu vereinen, beim ersten Podest eine tragende Wand zu durchstoßen und die Anlage in je zwei Stiegen und Podesten fortzuführen. Damit opferte der Hausherr seinem Wunsche nach klarer Architektonik die Symmetrie des Barockhauses, die überall sonst deutlich zutage trat.

Goethes Haus zu seiner Zeit

Betrat man den Flur in Goethes Haus, so gelangte man linker Hand in einen großen Raum, der bis zum Jahre 1810 grün gehalten war. Waren Gäste da, wurden in ihm die Mahlzeiten eingenommen. Nach 1810 wurde von Goethe selbst als Grundton ein Gelb gewählt. Er hieß von da an der «Gelbe Saal». Die beiden Farben hatten nach Goethes Farbenlehre eine spezielle Wirkung: dem Grün schrieb Goethe das Gefühl «realer Befriedigung» zu, vom Gelb sagte er, «es habe eine Heiterkeit und Behagen erzeugende Wirkung». Anschließend an den Saal kam man in das kleine Eßzimmer. Hier fand sich die Familie Goethe mittags zusammen. Dieser Raum war besonders behaglich gestaltet.

Vom Saal aus konnte man durch eine zweite Tür in das sogenannte «Deckenzimmer» kommen. Es hatte seinen Namen von einer schönen, barocken Stuckdecke, die noch aus dem Erbauungsjahr 1709 stammte. Mit Besuchern fand der Hausherr sich gern in diesem Raum zusammen. Man plauderte, speiste miteinander oder musizierte.

Von Goethes und Christianes nur zeitweilig benutztem gemeinsamem Schlafzimmer kam man in die große Wohnstube. Dann überquerte man einen geräumigen Flur, um in Christianes Wohnzimmer einzutreten. Hier hatte die Hausfrau ihr kleines Reich für sich. Hierher zog sie sich zurück, wenn sie, ermüdet von ihren Pflichten, Ruhe suchte. Hier nähte sie, wartete auf den Geheimen Rath, wobei ihr der erhöhte Podest am Fenster den Blick in den Hof gestattete, oder verbrachte die Stunden im heiteren Geplauder mit den «Schätzchen», den Freundinnen, den «Lustigen von Weimar».

Über ein weiteres Zimmer und eine kleine Wärmeküche, die sich seitwärts der Treppe befand, gelangte man auf einigen Stufen in das neu angelegte Gartenzimmer. Es wurde erst im Jahre 1794 fertig. Von dort aus war man mit ein paar Schritten im

Hausgarten. Goethe und Christiane liebten diesen Raum besonders. Der Blick in den Garten, an dem ihr Herz hing, erfreute sie sehr.

Über die Stiegen in den höhergelegenen Teil des Hauses zurückkehrend, trat man in das sogenannte «Gewölbte Zimmer». Auch dieser Raum wurde erst 1794 endgültig fertig. Goethe erfüllte sich mit ihm den Herzenswunsch, eine Brücke zu schlagen von der Mitte des Vorderhauses, dem Grünen oder später Gelben Saal, zum Hinterhaus, das tiefer lag und seine persönlichen Räume umfaßte. Das Zimmer ist nach römischer Art gewölbt. Es wurde nach Goethes Angaben von dem Maler Conrad Horny mit einem Wandfries, Blätter- und Blütenornamenten nach antiken Vorbildern, ausgemalt.

Noch im Dezember 1792, eben aus dem Feldzug zurückgekehrt, ging Goethe daran, seine Räume einzurichten. Über sein Wiedersehen mit der Familie und vor allem mit dem umgestalteten Haus, hat er in der «Campagne» berichtet: «...Nun fand ich das von meinem Fürsten mir bestimmte, erneuerte, wohleingerichtete Haus schon meistens bewohnbar, ohne daß mir die Freude ganz versagt gewesen wäre, bei dem Ausbau mit- und einzuwirken. Die Meinigen entgegneten mir munter und gesund... Unser stiller häuslicher Kreis war nun um so reicher und froher abgeschlossen, indem Heinrich Meyer zugleich als Hausgenosse, Künstler, Kunstfreund und Mitarbeiter zu den Unsrigen gehörte...»

Das Behagen an seiner kleinen Welt fand auch poetischen Ausdruck:

> Hier sind wir denn vorerst ganz still zu Haus,
> Von Tür zu Türe sieht es lieblich aus;
> Der Künstler froh die stillen Blicke hegt,
> Wo Leben sich zum Leben freundlich regt.

Und wie wir auch durch ferne Lande ziehn,
Da kommt es her, da kehrt es wieder hin;
Wir wenden uns, wie auch die Welt entzücke,
Der Enge zu, die uns allein beglücke.

In Goethes eigenem Reich

Neben dem Dienstzimmer lagen zur Gartenfront hinaus sein Arbeitszimmer, sein Schlafgemach und die Bibliothek. Durch einen Vorraum gelangte man in das sogenannte «Ovale Treppenhaus», das ebenfalls nach Goethes Ideen gebaut war. Zwei Türen führten in das vordere Treppenhaus, von wo man auf die Straße trat.

Sein schmales Vorzimmer nützte der Hausherr geschickt für Schränke und Schaukästen, in denen unter anderem die Mineralien Platz fanden. Zwischen den Fenstern erhob sich eine Standuhr, auf dem Tisch davor stand in späteren Jahren der von Stotzmann in Berlin entworfene Globus. In der linken Vorzimmerecke wurde Goethes Kleiderschrank aufgestellt. Von hier aus trat man in die Bibliothek ein, die um 1792 bereits annähernd 3000 Bände faßte.

Von äußerster Schlichtheit war Goethes Arbeitszimmer. Sicher gab es manchen Einwand von Christianes Seite, wenn hier kein Bild, kein Vorhang, kaum ein Sessel geduldet wurde. Warum Goethe es so hielt, das hat er einmal ausgesprochen: «Sehen Sie dieses Zimmer und die angrenzende Kammer, in der Sie durch die offene Tür mein Bett sehen, beide sind nicht groß, sie sind ohnedies durch vielerlei Bedarf, Bücher, Manuskripte und Kunstsachen eingeengt, aber sie sind mir genug. Eine Umgebung von bequemen, geschmackvollen Möbeln hebt mein Denken auf und versetzt mich in einen passiven Zustand...»

So mußte Christiane denn vor der «stillen Forschergrotte» des Geheimen Rathes resignieren. Hier war sein ureigenes Reich, hier trat der räumliche Maßstab zurück hinter der Größe seines Geistes.

Wichtigstes Utensil für diesen Raum schien Goethe nicht der große Tisch in der Mitte, um den vier Stühle standen, sondern das geräumige Stehpult, an dem er mit Vorliebe arbeitete. In dem darüber hängenden Kasten bewahrte er Mineralien auf, aus Pappe gefertigte Halbkugeln, die zum Experimentieren über die von ihm erkundeten Theorien des Regenbogens dienten, dazu ein Hygrometer, eine Tabelle zum Messen von Blitzen, ein Reißzeug, eine Lupe. Zwischen zwei Fenstern hing ein großer Spiegel; am linken Fenster fand sich ein Thermometer, darunter war ein kleines Stehpult aufgestellt, das den vollen Blick in das Hausgärtchen ermöglichte.

Über dem Schreibtisch war ein Aufsatz für Bücher angebracht, die Goethe rasch zur Hand haben wollte, Wörterbücher vor allem und Nachschlagewerke. Eine Tapetentür führte in sein Schlafgemach.

Dieses enthielt ein Tannenholzbett, einen Lehnstuhl und zwei kleine Tische. Ein Wandbehang schirmte die im Winter kühle Nord- und Ostwand ab. Thermometer, ein Lichtschirm und ein Wetterglas waren neben dem Klingelzug der einzige Wandschmuck.

Juno- und Urbinozimmer

Zum Goetheschen Hause gehörten neben diesen Räumlichkeiten auch die beiden erst in späteren Jahren vervollständigten Zimmer: das Juno- und das Urbinozimmer. Das Junozimmer, nach der dort aufgestellten Kolossalbüste der Juno benannt, diente als Empfangs- und Musikzimmer. Es stand darin unter anderem ein Konzertflügel aus der Werkstatt des berühmten Wiener Klavierbauers und Beethoven-Freundes Andreas Streicher. Daneben hatten Sammlungs- und Münzschränke ihren Platz, in denen Goethe auserwählte Raritäten aufbewahrte. In dem anschließenden Urbinozimmer, das seinen Namen dem Ölgemälde des Herzogs von Urbino an der Stirnwand verdankte, fanden größere Gesellschaften statt. Goethe selbst bezeichnete es auch als «Blaues Zimmer», wobei er wieder auf Erkenntnisse zurückging, die er in seiner Farbenlehre niedergelegt hatte. So erschien ihm das Blau seiner Wände voll distanzierender Eigenschaften, angebracht für einen konventionellen Empfangsraum. Erst späteren Jahren war es vorbehalten, diese beiden Räume ihrem ursprünglich geplanten Sinne zuzuführen. In den Monaten nach der Rückkehr von der «Campagne», als er und Christiane mit Freude und Lust am Gestalten von dem Hause Besitz ergriffen, richtete sich der Blick des Hausherrn erst einmal auf das Nächstliegende. Doch blieb ihm allzu wenig Zeit für sein Heim. Denn der Herzog schrieb aus dem Feldlager, er wünsche Goethe bei sich zu sehen.

1793

Unruhige Zeiten

Immerhin verzögerte sich die Abreise noch bis Mitte Mai 1793. Dieses unruhige Jahr sah die kleine Welt im Hause am Frauenplan friedlich, und während draußen Stürme tobten, lebten Goethe und Christiane, der kleine Gustel, Tante und Schwester sowie der Hausgenosse Meyer behaglich zusammen. Christiane stand dem Hauswesen vor. Goethe saß über dem «Reineke Fuchs» oder beschäftigte sich, unterstützt von Heinrich Meyer, mit neuen Erkenntnissen der Farbenlehre, der Zoologie, der Anatomie, Botanik und Physik. Der Abend vereinte sie alle bei Rabouge, Whist oder geselligem Plaudern. Oft las Goethe zur allgemeinen Erheiterung aus seinem neuen Werk, den absonderlichen Streichen des Schelmes Reineke, vor.

Mitte Mai 1793 folgte Goethe dem Herzog in das Feldlager bei Marienborn. Neben anderen Aufgaben blieb ihm dort Zeit, das Manuskript von «Wilhelm Meister» zu kopieren und die «Farbenlehre» weiter auszuarbeiten.

In Weimar waren derweil die Tapezierer im Hause. Christiane «gräbelte herum», wie sie Goethe drollig schrieb. Sie vertrieb sich die Zeit der Trennung mit ihren Freundinnen. «Die Schätzchen besuchen mich immer, die Wernern und die Burkhardtin, auch ein paar Kose-Weiber haben mich besucht.»

Tages Arbeit – abends Gäste! So hielten sie es beide; Goethe und Christiane stimmten auch hierin überein. Sie hatten gern Freunde und Bekannte um sich. Weilte aber der Geliebte in der Ferne, spürte Christiane besonderes Verlangen nach froher Gesellschaft. Sie verjagte damit alle trüben Gedanken.

So fanden sich denn die Freundinnen, die «Schätzchen» und «Koseweiber», wie sie in der Goetheschen Haussprache hießen, am Frauenplan ein. Es wurde geplaudert, Neuigkeiten gingen von Mund zu Mund, manche Flasche Wein wurde geleert. Christianes Freundinnen waren Frau Werner, die Gattin des Kammermusikus Heinrich Gottfried Werner, Frau Burkhardt, die Demoiselle Rudolf, ein Fräulein Buhler, die Garderobemädchen bei der Herzogin Luise von Weimar war.

In diesem trauten Kreise wurde Flachs gehechelt und dabei viel gelacht, fröhlich gefeiert, so auch der Geburtstag von Christianes Schwester Ernestine, mit Braten und einer Redoute, zu der auch weitläufigere Freunde geladen wurden. Oft revanchierten sich die Freundinnen für Christianes Gastfreundschaft. Sie wurde reihum fleißig eingeladen, wie etwa bei Rosina Eberwein, der Tochter des Hof- und Stadtmusikus in Weimar. Christiane folgte solchen Einladungen von Herzen gerne. Und Goethe freute sich der Beliebtheit, die sie genoß.

Ungetreue Dienstboten

Sorgen bereitete Christiane und auch Goethe allerdings die Dienstbotenfrage. Das Personal wurde im Hause häufig gewechselt. Die Mädchen und Köchinnen genügten zumeist nicht den hohen Anforderungen, die dieser Haushalt an sie stellte. Christianes scharfes Auge entdeckte Versäumnisse allzu rasch. Ihr unermüdlicher Fleiß ließ auch bei anderen Trägheit nicht zu.

Goethe kannte diese Nöte, und auch sie fanden ihren Niederschlag in seinem Werk, wie eine Stelle in «Hermann und Dorothea» beweist:

> Aber du hast gewiß auch erfahren, wie sehr das Gesinde
> Bald durch Leichtsinn und bald durch Untreu plaget die Hausfrau,
> Immer sie nötigt zu wechseln und Fehler um Fehler zu tauschen.

Da er wußte, wie knapp zuverlässige Bedienstete waren, mahnte der Hausherr auch aus der Ferne die resolute Christiane, das Personal zu halten. «... Richte die Haushaltung ein, wie Du es für recht hältst, und behalte auch die Magd, da sie nöthig ist und du mit ihr zufrieden bist», schrieb er am 7. Juni 1793 aus dem Feldlager Marienborn. Leider folgte Christiane nicht immer solchen Weisungen.

Erst am 22. August traf Goethe – über Frankfurt kommend – wieder in Weimar ein. Was er an Glück und Befriedigung dabei empfand, wieder heimzukehren, das hatte er zuvor zu seinem Freund Jacobi ausgesprochen: «Mein herumschweifendes Leben und die politische Stimmung aller Menschen treibt mich nach Hause, wo ich einen Kreis um mich ziehen kann, in welchen außer Lieb und Freundschaft, Kunst und Wissenschaft nichts herein kann.»

Am 22. November 1793 wurde das dritte Kind geboren – ein kleines Mädchen, Caroline. Es starb am 4. Dezember am Steckfluß. Goethe fügte sich weise in das Unvermeidliche. «Die trübe Jahreszeit hat mir trübe Schicksale gebracht. Wir wollen die Wiederkehr der Sonne erwarten!»

1794

Holde Gewohnheit

Das Jahr 1794 sah Goethe und die Seinen wieder frohgemut. Bis zum Herbst blieb der Hausherr in seinem «Zauberkreis» geborgen. In der Nähe Christianes fühlte er sich wohl. Das spricht aus seinen unvergänglichen Versen:

Neigung besiegen ist schwer; gesellet sich aber Gewohnheit,
Wurzelnd, allmählich zu ihr, unüberwindlich ist sie.

Noch immer beschäftigen Goethe und Christiane sich mit der Ausstattung der Räume. Als Anfang Mai Heinrich Meyer nach Dresden reiste, um in der Galerie dort zu kopieren, meldete Goethe ihm dorthin: «Ich habe mich in Ihre Zimmer einquartiert, und lasse die Gartenstuben indeß einrichten, es wird ein artig klein Quartier.»

Nach einer Reise mit dem Herzog nach Wörlitz und Dessau bekam Goethe im August Besuch von Friedrich Schiller. «Schiller ist schon acht Tage bei mir und bringt durch seinen Antheil viel Leben in meine oft stockenden Ideen», schrieb er Heinrich Meyer nach Dresden.

Gegen Ende des Jahres hatte Goethe seinen «Reineke Fuchs» beendet. Es wurde vorgelesen daraus, und die kleine Hausgemeinschaft hatte viele unterhaltsame Abende. Es lag Goethe überhaupt daran, Christiane an neuen Werken teilhaben zu lassen. Das kommt in einem seiner Epigramme zum Ausdruck:

Alle Freude des Dichters, ein gutes Gedicht zu erschaffen,
Fühle das liebliche Kind, das ihn begeisterte, mit.

So ging denn das Jahr 1794 zu Ende, ohne daß Goethe und Christiane sich getrennt hätten. Ihr Glück war vollkommen, auch wenn Mißgunst und Klatsch den Hausherrn voll heiligem Zorn ausrufen ließen: «Gönnet mir, Weimaraner, das Glück!» Aller Gehässigkeit zum Trotz, die ihn und seine Kleine oft schmerzlich genug traf, hielt er an seiner Überzeugung fest:

Viel lieber, was ihr euch unsittlich nennt,
Als was ich mir unedel nennen müßte.

Geburt und Tod des vierten Kindes

Das Jahr 1795 brachte abermals Kummer über das Paar. Mit neuen Hoffnungen hatten sie ihr viertes Kind erwartet. Doch das Kind, das am 30. Oktober das Licht der Welt erblickte, war sehr schwach. Es war ein Sohn, der den Namen Karl erhielt. Die Taufe fand am 31. Oktober abends gegen ½6 Uhr im Hause statt. Schon am 5. November reiste Goethe nach Jena, denn Christiane befand sich wohl. Von dort schrieb er an die Wöchnerin: «Ich wünsche Dich recht wohl zu wissen, und daß der Kleine brav trinkt, ißt und zunimmt.» Dieser Wunsch sollte nicht in Erfüllung gehen. Denn schon am 10. November mußte die arme Christiane berichten: «Aber das Kleine ist seit zwei Tagen sehr matt und schläft den ganzen Tag. Und wenn es essen und trinken soll, so muß man es aufwecken. Und da ißt es auch... Sei so gut und schreibe mir ein Wort zu meinem Trost.»

Erschreckt durch diese Botschaft reiste Goethe sofort nach Weimar zurück. Seine Ahnungen bewahrheiteten sich: das Söhnchen starb am 16. November in den Armen der Mutter. Christiane brach fast zusammen.

Als eine der ersten erfuhr Charlotte von Schiller von dem Leid. «Der arme Kleine hat uns gestern wieder verlassen, und wir müssen nun suchen, durch Leben und Bewegung diese Lücke wieder auszufüllen», schrieb Goethe an sie. Frau Aja Goethe antwortete voller Trauer: «Daß dem lieben kleinen Söhngen seine Rolle hienieden so kurtz aus getheilt war, thut mir sehr leid – freylich bleiben nicht alle Blüthen um Früchte zu werden – es thut weh – aber wenn die

Saat gereift ist und kommt denn ein Hagelwetter und schlägts zu Boden was in die Scheuern eingeführt werden solte, das thut noch viel weher – Wenn aber nur der Baum stehen bleibt; so ist die Hoffnung nicht verlohren. Gott! Erhalte dich – und den Lieben Augst – und deine Gefährtin – diß ist mein innigster und hertzlichster Wunsch.»

Lukullische Nöte

Nur langsam kehrten dieses Mal Christianes Lebensgeister zurück. Der Schlag war zu hart gewesen. Doch die weihnachtlichen Vorbereitungen verscheuchten letztlich die trüben Gedanken. Goethe wollte schon am 3. Januar nach Jena übersiedeln, um intensiv zu arbeiten. Es gab für seine Abreise allerhand vorzubereiten. Christiane hatte geschlachtet. Der Räucherboden hing voller Speckseiten, Würste und Gänsebrüste. Der Hausherr sollte sich reichlich aus Christianes Küche versorgen. Denn die Köchin im Jenaer Schloß sagte ihm nicht sehr zu.

Der erste Brief aus Jena vom 8. Januar 1796 bestätigte die Vorahnungen. «Die Götzen kocht nicht übel», schrieb Goethe, «nur, weil sie im Ofen kocht, sind die Sachen wohl einmal rauchrigt.» Da Goethe aber so sehr mit dem 7. Buch von «Wilhelm Meisters Lehrjahren» beschäftigt war, nahm er diese Einbuße an lukullischen Freuden in Kauf. Zu seinem Glück waren noch Preßkopf und Leberwurst aus der Hausschlachtung von Christiane vorhanden. Das tröstete wieder ein wenig!

Krautland wird gekauft

Für das folgende Frühjahr 1796 hatte Christiane besondere Pläne. Sie wollte zu den beiden Gärten und dem Ackerstückchen noch Krautland pachten. Ihre regsame Natur forderte stets neue Wirkungsmöglichkeiten. Und dem achtköpfigen Haushalt – Goethe, Christiane, Gustel, Heinrich Meyer, Tante Vulpius, Ernestine, Magd und Diener – kam dieser Tatendrang zugute.

In ihrem Brief vom 17. Februar an Goethe äußerte Christiane sich über das Krautland: «Es ist sehr nah von unserm Garten aus, ungefähr so lang wie Treuters Garten und über die Hälfte breit. Es hat sehr wenig Abgaben und der Besitzer bietet es für 60 Thaler. 55 Thaler sind ihm schon geboten, er will aber nicht anders als 60 Thaler.»

Goethe antwortete sogleich: «Wenn es Dir gefällt, so kaufe es, denn diese Fleckchen werden täglich theurer werden. Liegt es denn am Bache oder wo? beschreibe es mir doch genauer.»

Das Krautland hatte die Katasternummer 2130 und lag nördlich des Lottenbaches. Nach der von Christiane unterzeichneten Urkunde kaufte der Rathsbaukämmerer Johann Ehrhard Stichling als ihr Vormund in ihrer Vollmacht das dem Wachtmeister Johann Gottlieb Kratz gehörige «hinter der Lotte neben Frau Maroldin gelegene Krautland, so dem Rathe lehnet, vor 60 Reichsthaler, in Laubthalern à 1 Thaler 15 Groschen», wie im Handelsbuch von 1796 im Großherzoglich Sächsischen Amtsgericht zu Weimar vermerkt ist.

BÖSE ZUNGEN

Während Goethe in Jena begann, «Hermann und Dorothea» in Verse zu fassen, hatte Christiane im April 1796 viel unter der Herzlosigkeit der Weimarer zu leiden. Der Klatsch, die üble Nachrede machten sich wieder einmal breit. Die bösen Zungen stichelten über das häufige Fernbleiben des Geheimen Rathes von Weimar. Und Christiane sah sich schutzlos allerlei Anwürfen ausgesetzt. Brieflich schüttete sie dem Liebsten ihr Herz aus. Goethe tröstete sie sogleich: «Ich bitte Dich recht herzlich, mein liebes Kind, die schönen, guten Thage zu genießen, die Du vor so vielen andern haben kannst, und dir das Leben nicht zu verderben, noch verderben zu lassen. Du weißt, daß ich zu Hause nicht zur Sammlung kommen kann, meine schwere Arbeit zu endigen, vielleicht gelingt es mir auch hier nicht und ich muß doch nach Ilmenau.»

Christiane ließ sich rasch trösten. Ein gutes Wort, und sie war wieder die alte. So konnte sie Mitte Mai an Goethe einen heiter-tröstlichen Brief richten, nachdem ihr dieser zuvor sein Leid geklagt hatte: «...daß es mit dem Roman nicht recht fort will».

1797

UNRUHIGER JAHRESWECHSEL

Vom 9. November bis nach Weihnachten 1796 genossen Goethe und seine kleine «unheilige» Familie das Beieinandersein. Dann begleitete der Hausherr den Herzog Karl August auf einer Reise, die nach Leipzig und Dessau führte. Am 10. Januar 1797, abends gegen 11 Uhr, traf Goethe wieder in Weimar ein. Zehn Tage später reiste er bereits wieder nach Jena, um ungestört an «Hermann und Dorothea» und der Farbenlehre zu arbeiten. Christiane und Gustel durften ihn, zur Erleichterung des Abschieds, bis zum Dörfchen Kötschau begleiten.

In ihr Heim zurückgekehrt, begann Christiane sogleich mit großem Hausputz, der ihr am besten über die schmerzlichen Trennungen hinweghalf. Goethe aber sagte ihr in Versen, daß ihr häusliches Wirken ihn beglücke:

> Viele Veilchen binde zusammen! Das Sträußchen erscheinet
> Erst als Blume. Du bist, häusliches Mädchen, gemeint.

CHRISTIANES FINANZIELLE NÖTE

«Wenn ich nicht gewiß geglaubt hätte, Du würdest heute kommen, so hätt ich Dir am Mittewoche geschrieben, daß ich kein Geld mehr habe, und so gehet es mir nun sehr schlecht, in bin in größter Noth, denn ich gebe der Köchin alleweile meinen letzten kleinen Thaler», schrieb Christiane Ende März 1797 an Goethe in Jena. Und sie fuhr fort: «Ich habe auf das Buch einen Carolin ausgelehnt, ich wär also noch künftige Woche ausgekommen, und alsdann ist das Vierteljahr um. Und man hat doch immer auch was in Vorrath, ohne das man doch nicht sein kann.» Da aber die Hausfrau Goethes Genauigkeit in finanziellen Dingen kannte, fügte sie gleich eine Bitte um «gut Wetter» hinzu: «Wenn ich das alles rechne, komme ich doch gewiß ordentlich aus. Denn bei itziger Zeit ist es würklich Kunst; denn, wenn Du nicht da bist, es sind unser doch immer 6 zu Tische, und ich habe es die Zeit, daß Du nicht da warst, sehr eingetheilt, so daß die Köchin immer nicht mit mir zufrieden ist.» Und um sich zu rechtfertigen, gab Christiane eine genaue Aufzählung ihrer Ausgaben bei: «Freilich weil der Bube krank war, habe ich wieder manche paar Groschen mehr ausgeben und ihm auch wieder etwas Apartes kochen müssen. Er ist aber wieder wohl und gehet wieder aus. Von dem Carolin, den Du mir schicktest, habe ich das Komödien-Abbonnement bezahlen müssen und Starke den Thaler, 2 Paar Strümpfe für Dich, habe Holz lassen machen, dem Kutscher Trinkgeld, und wenn ich nur nicht den Dukaten von Dir schon angewandt hätte, so hätte ich doch noch was. Die Weiber, die sich etwas schmu machen, thun doch nicht ganz übel, um im Notfall was zu haben. Sei so gut», endete die kummervolle Epistel, «und schicke mir durch einen Expressen oder durch die Post was.»

Doch Christianes Befürchtungen waren grundlos. Goethe zankte nicht wegen der Ebbe in ihrer Kasse, sondern legte Geld in den Brief, den er der Botenfrau mitgab.

Goethes Buchführung

Den ganzen April und halben Mai war Goethe bei den Seinen daheim. Die letzten Tage vor der Abreise nach Jena benutzte er dazu, finanzielle Dinge zu regeln. Goethes Buchführung sah so aus (Darstellung siehe Seite 33):

Auch Christiane bekam also wieder einen Louisdor, nachdem der Hausvorstand seinen Diener und Schreiber Geist versorgt, das Barometer beim Geheimrath Voigt bezahlt und dem Physiker Nikolaus

Nach Jena an Geld mitgenommen:	Rl.	Gr.
An Laubtlr. 10 St.	16.	6.
An Louisdor 4 St.	20.	
Agio hievon		
An Sechsern	5.	
Von den Cottaischen Geldern	8 St. Louisdor	
Desgleichen	2 St. Louisdor	

	Verwendung
An Geist Laubtlr.	10 St.
– – an Sechsern	5 Rl.
– – an Louisdor	2 St.
– – an Louisdor	2 St.
– – an Louisdor	1 St.
An Voigt fürs Barom.	3 St. Ldr.
An Scherer für Perthes	4 St. Ldr.
Nach Weimar –	1 –

Scherer das Geld für den Buchhändler Friedrich Christoph Perthes in Hamburg übergeben hatte.

Verliebte Briefchen

«Lieber», schrieb das Hausschätzchen Ende Mai 1797 an Goethe in Jena, «ich habe heute Abend große Lust Dir noch ein paar Worte zu schreiben. Vors erste, daß ich heute Deine Fenster-Vorhänge gewaschen und getrocknet habe, und alles, was noch sonsten schmutzig war, die grünen Stühle, die schwarzen ausgebessert habe, und daß ich nach aller der vielen Arbeit noch sehr lustig bin und mir alleweile meinen Schatz wünsche. Aus lauter Hasigkeit möchte ich, wenn es nur einigermaßen anginge, ein Wägelichen nehmen und mit dem Bübechen zu Dir fahren, damit ich nur recht vergnügt sein könnte. Da es aber nicht geht, so will ich sehen, ob ich nicht irgend jemand finde, der mit mir im Garten herumspringt.»

Am nächsten Tag setzte Christiane sich nochmals hin und fügte den ersten ein paar weitere Zeilen bei. Vor allem, daß sie heute noch sehr «hasig» sei.

Die beiden Briefchen nahm die Botenfrau Wenzel gleich mit nach Jena, wo Goethe sie empfing. Aus der Freude an solch krausem, sehnsüchtigem Geplauder mag ihm der Vers geglückt sein, den er eigens der briefschreibenden Christiane widmete:

> Welche Schrift ich zwei-, ja dreimal hintereinander
> Lese? Das herzliche Blatt, das die Geliebte mir schreibt.

Gustel schreibt dem Vater

Ein artiger Brief erreichte Goethe in Jena vom kleinen Gustel. Er berichtete allerlei Neuigkeiten. So hatte Gustel sich eine Sammlung Sommervögel zugelegt, für die ihm ein Kasten fehlte. Nun bat er um einen Glasrahmen, «denn es wäre schade, wenn der Schwalbenschwanz, der Todtenkopf, der Citronenvogel, das schöne silberne C auch noch zu Grunde gingen, denn ich habe mich oft eine halbe Stunde mit einem herumgejagt, ehe ich ihn fangen konnte». Auch vom Jahrmarkt in Weimar gab es allerlei Interessantes zu erzählen. Gustel hatte für 3 Groschen ein Kegelspiel, Töpfchen, Schüsselchen gekauft. Von Frau von Stein, die er mit Erlaubnis des Vaters öfter besuchte, hatte er hierfür 8 Groschen bekommen. Dafür schickte die Mutter der Spenderin 2 Pfund frischen Spargel.

Reise nach Frankfurt

Am 16. Juni 1797 kehrte Goethe abends von Jena nach Hause zurück. Aber die Arbeit am «Faust» ließ ihn nicht zur Ruhe kommen. Zudem warteten Reisevorbereitungen auf ihn: Er wollte endlich Christiane und den Sohn der Mutter in Frankfurt zuführen. Goethe selbst würde dann zu Heinrich Meyer in die Schweiz weiterreisen, um dort Studien zu betreiben.

In Anbetracht der längeren Abwesenheit ordnete Goethe seine Briefschaften und vernichtete Unnützes. Den Eintrag «Briefe verbrannt» finden wir am 2. Juli im Tagebuch, und nochmals am 9. Juli, wobei Goethe vermerkte: «Schöne grüne Farbe der Flamme, wenn das Papier nahe am Drahtgitter brennt.»

Am 30. Juli setzte sich das Gefährt in Bewegung, das Goethe, den Hausschatz und Gustel über Erfurt, Marksuhl, Buttlar, Schlüchtern nach Gelnhausen brachte. Von hier reiste Goethe mit Extrapost voraus, um dem Wunsche seiner Mutter nachzukommen, die ihn gebeten hatte: «Mir wäre es sehr lieb, wenn du es einrichten könntest bey hellem Tage in Goldenen brunen deinen Einzug zu halten – des Nachts ankommen liebe ich nicht.» Christiane und Gustel folgten und trafen gegen 8 Uhr abends in Frankfurt ein.

Es waren drei unvergeßlich schöne Tage voller Liebe und Fürsorge, die der «Hätschelhans» und sein Liebchen bei Frau Aja verbringen durften. Die beiden Frauen verstanden sich sogleich. Goethe fiel dabei ein Stein vom Herzen. Nach all der Mißachtung seiner Kleinen, tat es auch ihm unendlich wohl, die aufrichtige Wertschätzung seiner Mutter für Christiane zu erleben.

Reise in die Schweiz

Schon am 7. August setzte Goethe seine Reise in die Schweiz fort. Christiane und Gustel fuhren nach Weimar zurück. Dort war wieder einmal allerlei Klatsch über Goethe im Umlauf. Christiane schrieb dem Liebsten, man erzähle sich, er werde auf längere Zeit nach Italien gehen und sie allein lassen. Er antwortete am 24. August 1797 postwendend: «Ich kann Dir wohl gewiß versichern, daß ich dießmal nicht nach Italien gehe. Behalte das für Dich und laß die Menschen reden, was sie wollen; Du weißt ja die Art des ganzen Geschlechts, daß es lieber beunruhigt und hetzt, als tröstet und aufrichtet. Halte gut Haus und richte Dich so ein, daß Du mich entweder empfangen oder auch vielleicht wieder zu mir kommen kannst.»

Es war beglückend für Christiane zu sehen, wie sehr der Geliebte sich in ihre Lage zu versetzen vermochte. Die Ehrfurcht vor dem tiefen, wahren Gefühl, das sie ihm, ohne zu fragen und ohne zu zweifeln, entgegenbrachte, bestimmte seine Haltung, weckte seine edelsten Empfindungen: Fürsorge für das «Seelchen», das sich ihm anvertraut hatte, den Wunsch, es vor dem rauhen Zugriff der Welt ringsum nach Kräften zu schützen. Dieses Gefühl der Verantwortung, das Goethe für Christiane hegte, ging so weit, daß es ihn zuweilen in seiner Lebensfülle beengte.

Denken wir an die während seiner Schweizer Reise entstandene Elegie «Amyntas»: Sie zeigt uns, wie es damals um Goethe stand. Mit unendlich vielen zarten Trieben umschlangen ihn Liebe und Gewöhnung, wie den Stamm des Baumes das Gerank von wucherndem Efeu. Der Efeu droht den stützenden Stamm zu ersticken, doch dieser bietet sich ihm selbstlos dar, «verzehrt sich willig gezwungen in liebender Lust».

Denn es lautet die Antwort Amyntas' an Nikias, den Arzt:

«Süß ist jede Verschwendung; o laß mich der schönsten genießen!
Wer sich der Liebe vertraut, hält er sein Leben zu Rat?»

Am 20. November kehrten Goethe und Meyer wieder zu Christiane zurück. Ihre Freude war ohnegleichen. Die einsamen vier Monate waren ihr doch recht lang geworden.

Goethe aber legte seine Anhänglichkeit, sein «neues Wesen», in dem Bekenntnis nieder: «Ich kann aber auch wohl sagen, daß ich nur um Deinet- und des Kleinen willen zurückgehe. Ihr allein bedürft meiner, die übrige Welt kann mich entbehren».

1798

HÄUSLICHE FREUDEN

Den Dezember verbrachte Goethe im Kreise seiner Familie. Das Jahr 1798 sollte ihm weniger Trennungen vom Hause am Frauenplan bringen. Seine Reisen beschränkten sich auf Jena, Ilmenau und das Freigut Ober-Roßla, das Goethe bald darauf pachtete.

Bis März ging im Hause alles seinen gewohnten Gang. Goethe beschäftigte sich mit seiner Farbenlehre und arbeitete viel in der Bibliothek, die inzwischen auf 5000 Bände angewachsen war. Auch seine Mineraliensammlung vervollständigte er nach und nach.

Zu seiner Freude traf endlich der längst bestellte

Globus ein. Der Lithograph Sotzmann aus Berlin hatte ihn entworfen, der Mechaniker Behringer in Nürnberg hatte ihn angefertigt. Mit diesem Globus befaßte Goethe sich viel. Im übrigen aber fesselte ihn die weitere Einrichtung der Empfangsräume in seinem Haus. Für den Speiseraum hatte er zwei Leuchter ausgewählt, die ihm besonders schön erschienen, für den Empfangssaal einen Kronleuchter aus böhmischem Glas, geschliffen und reich mit Gold und Bronze verziert.

Im März ging Goethe nach Jena. Das anhaltend kühle Wetter hinderte ihn jedoch sehr am Arbeiten, weshalb er schon am 9. April wieder nach Weimar zurückkehrte. Erst nach dem 15. April fand er wieder Ruhe, sich eingehend in den «Faust» zu vertiefen. Auch die Ilias nahm ihn mehr und mehr gefangen.

Gartenarbeit

Da sich das Wetter im Mai beruhigte, ging Christiane mit Eifer an die Gartenarbeit. Ihr lag vor allem der Gemüsegarten am Stern sehr am Herzen. Denn es gab trotz aller Vorsorge in den Beeten doch manch böse Überraschung. Darüber berichtete sie Goethe am 30. Mai: «Mit Deiner Arbeit ist es schön: was Du einmal gemacht hast, bleibt ewig; aber mit uns armen Schindludern ist es ganz anders. Ich hatte den Hausgarten sehr in Ordnung, gepflanzt und alles. In einer Nacht haben mir die Schnecken beinahe alles aufgefressen, meine schönen Gurken sind fast alle weg, und ich muß wieder von vorne anfangen. Es ist noch ein Trost, daß es mir nicht allein so geht; Treuters und alle, die Gärten haben, klagen. Es soll eine besondere Art Schnecken sein, die alles aufzehren. Es kommt gewiß von dem vielen Regen. Doch was hilft es? ich will es wieder machen; man hat ja nichts ohne Mühe.»

Wenn auch der Gärtner Ernst im alten Garten am Stern die Hauptarbeit tat, so ließ Christiane es sich doch nicht nehmen, ihm beim Pflanzen von Sellerie, Kohlrabi, Mangold und Schwarzwurzeln zur Hand zu gehen. Das «Herumgräbeln» war ihre ganze Freude – im Hause wie im Garten.

Gustel wird selbständig

Vom Sohn bekam der Vater in dieser Zeit erfreuliche Nachrichten. Denn Gustel begann jetzt, selbständig zu werden. «Am vorigen Mittwoch habe ich mich in dem Hausgarten in einem Brühfaß gebadet, weil die Hitze in diesen Tagen immer sehr stark war und ich mich einmal etwas abkühlen wollte, den Abend ging ich in die Komödie und sahe die ‹Schachmaschine›. – Heute habe ich den ersten Versuch gemacht, mich allein anzuziehen, ich habe alle meine Kleidungsstücke selbst angezogen, auch habe ich mich selbst gewaschen; nur kann ich mit dem Kämmen noch nicht zu Stande kommen, ich hoffe aber, daß ich meine liebe Tante bald auch von dieser Mühe befreien werde.»

Daraufhin schickte Goethe eine Schachtel, und Gustel schrieb wieder einen Brief, der den Vater erfreute: «Ich sage Ihnen vielen Dank für die vielen und schönen Kirschen und für das süße Zuckerbrot, das ich diesen Morgen von Ihnen erhalten habe. Als die schönen Sachen ankamen, lag ich noch im Bette und konnte meine Augen nicht aufbringen, welches aber sogleich geschahe, sobald ich die Schachtel erblickte; diese machte mir so viele Freude, daß ich mehrmals im Bette hoch aufsprang. Wir öffneten zuerst die Schachtel mit den Kirschen und aßen etwas davon, den noch übrigen, größern Theil habe ich mir auf diesen Mittag aufgehoben, wo sie mir sehr schmecken sollen, weil sie schöner und reifer sind, als die wenigen waren, welche ich bisher gegessen habe. Aus der Zuckerbrotschachtel habe ich auch einige Stückchen Kuchen gegessen. Ich freue mich sehr auf die Reise nach Roßla, wenn das Hammelschießen ist; doch kommt es darauf an, ob Sie wollen. Leben Sie wohl und behalten Sie mich lieb. August Goethe.»

Goethe wird Gutsbesitzer

Schon seit 1797 stand Goethe in Unterhandlungen wegen eines Gutskaufes. Unter den angebotenen Gütern erschien ihm Ober-Roßla am geeignetsten und ertragreichsten. Zwar hatte er sich noch am 19. Mai 1783 zu Karl Ludwig von Knebel wegen eines solchen Projektes ablehnend geäußert: «Auch werde ich niemand, der nicht von der Erde gebohren ist rathen, sich mit der Erde einzulassen. Es ist schwer, ihr etwas abnehmen und thörigt ihr noch gar hingeben.» Aber die Sorge um Christianes und Gustels späteres Los ließen ihn diese Vorurteile wieder vergessen. Goethe bewarb sich ursprünglich um die Güter Ober-Roßla und Oßmannstedt. Erst am 7. April 1798 entschied sich die Pachtung von Ober-Roßla schließlich zu Goethes Gunsten. Die Vorverhandlungen hatten ihn viel Zeit und Kraft gekostet. Erst eine Woche danach fand er wieder die innere Ruhe, seine Arbeit am «Faust» fortzusetzen.

Die Adjudikation des Gutes fand Ende Juni 1798 statt. Und am 18. Juli wurde in Ober-Roßla das Kirchweihfest begangen. Goethe und Christiane waren anwesend. Leider sollte sich der Gutskauf bald als Mißgriff erweisen. Damit bewahrheiteten sich die Ahnungen, die von Goethes Mutter schon am 21. Januar 1794 geäußert worden waren: «Dein letzter Brief hat mir einige Unruhe verursacht – die Sache ist von zu großer Wichtigkeit um nicht reiflich überlegt, und verlohnt der Mühe, daß mann sie von mehr als einer Seite betrachtet. Nach meiner Einsicht steckst du dich in eine unübersehbahre Last!... Nun überlege! Du bist also genöthigt da du kein Geld hast 45 000 rth. zu verintreßiren – und Gott weiß wie lange zu verintreßiren... Das Gut scheint mir zu groß vor dich – du bist kein Landmann – hast andre Lieblings Beschäftigungen – wirst leicht zu bevortheilen seyn u.s.w.»

SCHLACHTFEST

Im November fand das große Schlachtfest im Hause statt. Christiane hatte selbst Schweine gemästet. Die besten Stücke wurden für den Winter eingesalzen, andere in den Rauch gehängt; denn Goethe schätzte hausgemachte Wurstwaren, vor allem Preßkopf und Sülze aus Christianes Schlachterei. Beides wurde ihm ständig nach Jena geschickt. Auch ein Briefchen wurde beigelegt, in dem es hieß: «Hier schicke ich Dir etwas von meinem Schlachtfest. Ich bin nicht so ganz mit meinem Schwein zufrieden; ich denke aber, es soll mit dem Speckschwein besser werden.»

Gustel fügte ein paar Zeilen bei, die sich auch um das Schlachtfest drehten: «Gestern war ein großes

Fest für mich, denn wir haben zwei kleine Schweine geschlachtet. Ich war dabei, als sie in den Hals geschnitten wurden, das eine schrie mehr als das andere. Dann habe ich auch gesehen, wie die Würste gemacht werden. Die Schweine wogen 130 Pfund. Die Blasen habe ich bekommen, ein Mann hat sie mir aufgeblasen, wodurch sie sehr groß wurden.»

1799

Goethe als Sammler

Nach «Diderots Versuch über die Malerei» und dem «Weimarischen neudecorirten Theatersaal» ging Goethe in Jena unverzüglich daran, eine Betrachtung «Der Sammler und die Seinigen» zu schreiben. Da die Arbeit gut vonstatten ging, kehrte er am 29. November nachmittags nach Weimar zurück, um für dieses Jahr sein Heim nicht mehr zu verlassen.

Zu Beginn des neuen Jahres – 1799 – wurde er durch starken Rheumatismus im Hause gehalten. Christiane legte ihm Pechpflaster auf, die der Weimarer Arzt Dr. Huschke verordnet hatte. Doch die Pflaster behagten ihm gar nicht. Deshalb schrieb er auch am 12. Januar ins Tagebuch: «Plage von dem Pechpflaster». Der Kranke war griesgrämig. Ablenkung bereitete ihm die Sammlung geschnittener Steine und Münzen. Gemeinsam mit dem berühmten Münzsammler Johann Isaak von Gerning, einem Diplomaten und Schriftsteller, erfreute Goethe sich an dem reichhaltigen Kunstgut, mit dem sich der Mensch nach seinen Worten «die Lust in heiteren Tagen erhöhen und in trüben Tagen aufrichten kann.»

Es waren weit über 2000 Münzen, 76 geschnittene Steine, 8022 Abdrücke in Gips, Schwefel oder Siegellack von antiken oder modernen geschnittenen Steinen sowie 3 Glaspasten nach geschnittenen Steinen, die Goethe bis zum Ende seines Lebens besaß. Besser als jeder andere Sammler wußte er, daß viele Stücke unschätzbare Dokumente zur Geschichte der Kunst darstellten.

In seinen Sammlungen aber zeigte sich gleichzeitig das Prinzip der Ordnung, dem der Dichter Person und Werk ein Leben lang unterwarf: «Verharren wir in dem Bestreben, das Falsche, Unzulängliche, Ungehörige, was sich in uns und anderen entwickeln und einschleichen könnte, durch Klarheit und Redlichkeit zu beseitigen.»

Goethes Equipage

Am 7. Februar 1799 reiste Goethe mit Schiller im Schlitten nach Jena. Wohlbehalten kamen sie dort an. Die Fahrt war nach Goethes Worten «vergnügt und glücklich» abgelaufen. Durch diese Lustbarkeit angeregt, wurden noch mehrere Schlittenpartien unternommen. Und schließlich beschloß der Hausherr, sich Wagen und Pferde anzuschaffen.

Darüber schrieb er am 15. Februar an Christiane: «Mit den Pferden ist es mein völliger Ernst; nur muß man sich voraussagen, daß bei dem Vergnügen und Nutzen, den man sich davon verspricht, auch manches sehr Unangenehme vorkommt, worüber man sich denn hinwegsetzen muß.»

Der Hausherr hatte seinem früheren Diener und Sekretär, Philipp Seidel in Weimar, einem Rentbeamten, seinen Wunsch nach einer Equipage mit Pferden bekanntgegeben, mit der Bitte, sich um die Beschaffung zu kümmern. Darauf erwiderte dieser: «Mamsell Vulpius sagte mir, daß Sie gern Auskunft haben möchten, was Sie an Fourage auf 2 Pferde erhielten, und was an Rückständigem etwa zu gewinnen sein könnte.» Er berechnete die Ausgaben genau, wobei sich herausstellte, daß Goethe an der halbjährigen Fourage einen reinen Gewinn von 40 Thalern 2 Groschen 6 Pfennigen machen könne, da «Goethes Deputat mit Michaelis 1798 begonnen habe». Weiter bemerkte Seidel leicht devot, daß «ohne diese vornehmen Thiere eine nicht gemeine Existenz immer unvollständig bleibt».

Am 5. März machte Goethe – nunmehr fest zum Kauf entschlossen – eine Probefahrt in einer ihm angebotenen Equipage. Ein Tagebucheintrag vom 13. besagt: «Gädickes Wagen besehen.» Dennoch konnte er sich nicht so rasch entschließen. Es dauerte noch über einen Monat, bis er zugriff.

Wie sehr auch Christiane sich auf die Pferde freute, geht aus ihrem Brief vom 30. März 1799 hervor. Sie meinte: «Und alsdenn haben wir vielleicht auch wohl Pferde, die mir alsdann viel Freude machen werden und Arbeit.»

Inzwischen hatte sich ein Herr von Hendrich an Goethe gewandt, um ihm seine Equipage und eine Chaise anzubieten. Er teilte mit, daß auf die erstere bereits 500 Thaler, auf die letztere 400 Thaler geboten wären. Dann wandte er sich chevaleresk an die Hausfrau: «Da ich Dames gerne gefällig lebe, und ich glaube, daß Ihnen vorzüglich daran liegt, eine niedliche und sichere Equipage zu haben, so habe ich geglaubt, Ihnen hiervon Nachricht geben zu müssen.» Gleichzeitig hatte er an Goethes Sachwalter, den Bauverwalter Steffany, geschrieben, für die

Summe von 600 Thalern wolle er 2 Wallache, 1 Batarde – nämlich einen bedeckten, leichten Wagen –, 2 Kutschgeschirre, 2 Pferdedecken, 2 Trensen und 2 Halfter abgeben.

«Du hast nun einmal Deinen Gefallen daran», schrieb Christiane zu diesem Angebot, «so laß Dich auch einige Thaler nicht reuen.»

Am 10. April kehrte Goethe nach Weimar zurück, und am 24. wurde der Pferdekauf perfekt. «In Belvedere die Pferde probiert. Abschluß des Pferdekaufes», schrieb er in sein Tagebuch. Spazierfahrten mit Christiane und mit Gustel waren jetzt an der Tagesordnung.

Am 1. Mai früh um ½9 Uhr ging es im eigenen Gefährt mit Heinrich Meyer nach Jena. Goethe wollte sich wieder intensiver der «Geschichte der Farbenlehre» und den «Propyläen» zuwenden. Christiane ließ den Liebsten mit einigem Zagen ziehen. Doch schon sein Brief vom 3. Mai beruhigte sie: «Ich bin schon zweimal spazieren gefahren, und es geht recht gut damit.» Auch gab der neue Rossehalter bekannt, wie er sich die Versorgung der Tiere dächte: «Ich lasse ihnen den Tag 3 Metzen geben, da können sie sich schon ausfüttern; ich werde sie aber auch dafür nicht schonen; sobald das Wetter nur ein wenig freundlicher ist, will ich einige Touren machen.»

Häuslicher Verdruss

Wegen eines Paketes, das verschwunden war, gab es einigen Aufruhr im Hause. Es sollte Gemälde des weimarischen Hofmalers Johann Friedrich Karl Heideloff enthalten. Goethes Diener Geist behauptete fest, es müsse schon im Februar nach Weimar gekommen sein. «Besinne Dich doch», bat Goethe beunruhigt Christiane, «und frage etwa die Leute, ob sich niemand etwas erinnert; der Fall ist mir gar unangenehm und mir gar noch nicht passirt.»

Im Hause am Frauenplan wurde alles von oben nach unten gekehrt, doch die Gemälde fanden sich nicht. Darauf schrieb Christiane am 3. Mai: «Wegen des Packet an Heideloff bin ich verdrüßlich, und alle Bestellungen von Dir sind mir so nothwendig, daß ich sie nicht geschwind genug aus dem Hause bringen kann. Und Du wirst auch nicht gehört haben, daß ein Brief oder Packet, das Du mir schicktest, liegen geblieben wäre. Daß ich im Februar ein grünes Wachstuch, wo viele Packete drin waren, erhalten habe, weiß ich; aber Geist kann nach seiner Art gedacht haben, er hat das Packet eingepackt, und hat es bei sich liegen lassen. Denn hier wäre manches auch nicht besorgt, wenn ich es nicht besorget. Daß es bei mir nicht weggekommen ist, davor wollt ich mit meinem Leben stehen. Damals, als die Gemälde weg waren, sagte Geist auch: er hätte es der Tante gegeben.»

Die Hausfrau grollte mit Recht; denn wie sich dann herausstellte, hatte der Maler das Paket sogleich im Februar erhalten. Das Ganze war also ein Mißverständnis, das ein um so helleres Licht auf die im Hause waltende Ordnung und Christianes Verläßlichkeit warf.

GARTENFEST IN JENA

Im Frühjahr 1799 kaufte Goethe sich in Jena einen Garten mitsamt Gartenhäuschen. Er wollte doch mehr als zuvor in der Stille dort wirken. Und da entbehrte er ein Stück Natur sehr. So konnte er denn seine kleine Familie auf mehrere Tage zu sich einladen. Christiane sollte aber verschiedene Eßwaren mitbringen. «6 Flaschen roten Wein, ein paar Fläschchen Bischofessenz, etwas Cervelatwurst und für den ersten Abend etwas Kaltes zu essen, auch einige Stückchen Wachslicht.»

Am 18. Mai trafen die «Kinder» beim lieben Vater im sogenannten «Klippsteinschen» Garten ein. Christiane kochte draußen, und die Mahlzeiten wurden zu dritt im Grünen eingenommen.

ÜBERSETZUNG DES «MAHOMET»

Im Juni und Juli dieses Jahres war Goethe in Weimar. Allerdings fand er wenig Ruhe, so daß er sich entschloß, am 31. Juli auf 6 Wochen in das Gartenhäuschen am Weimarer Park zu übersiedeln. Er wollte ungestört an der Übersetzung von Voltaires «Mahomet» arbeiten, aber auch den «Faust» und die «Farbenlehre» vorantreiben. Währenddessen weilten der Hausschatz und Gustel zur Erholung in Jena, wo sie das dortige Gartenhäuschen bewohnten und recht vergnügt lebten. Für Goethes leibliches Wohl sorgte indessen eine neue Köchin. Christiane hatte wieder einmal das Personal gewechselt.

Über diese Zeit der Besinnung schrieb Goethe danach an Knebel: «Ich habe sechs Wochen in meinem alten Garten zugebracht, der angenehm zu bewohnen ist. Ich muß nun erst das nächste Frühjahr die Wildnis ein wenig bändigen, denn die Bäume und Sträucher, die vor 20 Jahren gesetzt worden, haben dem Boden und dem Hause Licht und Luft fast weggenommen. So kommt es wohl manchmal, daß uns unsere eigenen Wünsche über den Kopf wachsen.»

Am 13. September kehrte er aus dem Garten wieder zum Frauenplan zurück.

Der alte Garten

«Am Montage waren wir im alten Garten und nahmen Äpfel ab, ich machte mit Ernsten bei meinem Hüttchen ein Grabeland, das ich mit Mohnen umzäunen will», schrieb Gustel am 25. September 1799 dem Vater. Mit besonderer Liebe hing der Sohn an dem Fleckchen Erde, das Goethe schon vor zwanzig Jahren erfreut hatte. Auch Gustel horchte auf das Plätschern der Ilm, die dort vorüberfloß. Auch er saß auf den Gartenbänken, sprang über die steinernen Treppen zum Bienenhäuschen oder trat in das Gartenhaus, das dem Väterchen viele Jahre hindurch eine stille Klause gewesen war.

Das Gartenhaus hatte reichlich Platz; es umfaßte im Erdgeschoß ein Eßzimmer, eine Dienerstube, eine Küche und einen geräumigen Flur; oben unter dem Dach fanden sich ein Schlafzimmer, ein Arbeitsraum, die Bibliothek und das Altanzimmer, aus dem man auf einen balkonartigen Vorbau trat. Alles war schlicht, doch behaglich eingerichtet. Das Mobiliar bestand aus: einem dreisitzigen Kanapee, einem zweiten Kanapee aus Kiefernholz, zwei niederen Fauteuils, 6 Tafelstühlen, 6 Rohrstühlen, 6 altgekauften Stühlen mit roten Leinwandkissen, 2 Strohstühlen, 3 Tischen von Tannenholz, die zu einer langen Speisetafel zusammengesetzt werden konnten, 2 Tischen von Nußbaumholz, 1 Schreibtisch nach Wiener Art, 1 braun gebeizten Aktenschrank, 2 großen Spiegeln in schwarz polierten Rahmen, die mit vergoldeten Köpfen verziert waren, 1 weiß angestrichenen Postament für eine Gipsfigur, 2 Bettstellen und anderen Sachen.

Im Garten, der direkt neben der Promenade lag, die man in Weimar den «Stern» nennt, gab es Weymouthskiefern, Fichten und Buchen; Geißblatt, Jasmin und Virginische Zedern; auch Eichen, die der Hausherr schon Anno 1777 hatte setzen lassen. An den Hauswänden rankten Reben hinauf, die die Stuben verschatteten. Auf der Mitte des Abhangs, am geebneten Platz, wo die Ruhebänke standen, grüßte noch immer die Steintafel, die Goethe im Oktober 1782 hatte anbringen lassen, mit ihren unvergänglichen Versen für Charlotte von Stein:

> Hier im Stillen gedachte der Liebende seiner Geliebten,
> Heiter sprach er zu mir: Werde mir Zeuge, du Stein!
> Doch erhebe dich nicht, du hast noch viele Gesellen;
> Jedem Felsen der Flur, die mich, den Glücklichen, nährt,
> Jedem Baume des Walds, um den ich wandernd mich
>   schlinge:
> Denkmal bleibe des Glücks! ruf ich ihm weihend und froh.
> Doch die Stimme verleih ich nur dir, wie unter der Menge
> Einen die Muse sich wählt, freundlich die Lippen ihm küßt.

Christiane, die jetzt als Herrin hier wirkte, war vor allem darauf bedacht, daß der Garten ertragreich sei. Ihr praktischer Sinn richtete sich weniger auf seine Schönheit als auf den Segen, der ihr für Küche und Keller, für Mensch und Tier daraus erwuchs.

Die böse Köchin

Wieder gab es Ärger im Hause. Und wieder mit dem Personal. Goethes Nachbar vom Garten am Stern, der Geheime Rath Schmidt, hatte Christiane die Köchin ausgespannt, weshalb sie in großen Zorn geriet. Nach Jena, beim Hausherrn, beklagte sie sich bitter: «Ich habe aber eine Bitte an Dich, daß, wenn die Frau oder Herr Geheimer Rath Schmidt an Dich schreiben wegen der Köchin, daß Du Dich auf nichts einläßt, als daß die Köchin wegen ihres doppelten Vermiethens bestraft werde. Denn ich habe es ganz der Polizei übergeben, und man wird nunmehro an Dich kommen. Ich werde die Köchin wohl auch nicht kriegen; aber sie müssen mir mein Miethgeld, das bei der Polizei liegt, und itzo meinen Schaden ersetzen.» Über die geltende Rechtslage, so meinte Christiane, hätte sie der Polizeisekretär, Friedrich Undeutsch, genügend aufgeklärt. Da sie viel zu tun hatte, kam ihr dieser Vorfall doppelt unpassend. Goethe gab ihr als Antwort den Rat: «Was die Menschen überhaupt betrifft, so thu ihnen nur so viel Gefälligkeiten als Du kannst, ohne Dank von ihnen zu erwarten. Im Einzelnen hat man alsdann manchen Verdruß, im Ganzen bleibt immer ein gutes Verhältniß.»

Karl von Schiller auf Besuch

Im November 1799 besuchte Karl, der Sohn Friedrich von Schillers, Goethe und die Seinen in Weimar. Gustel und Karl waren gleichaltrig, und sie verstanden sich gut. Christiane verhätschelte Karl in ihrer mütterlichen Art. Darüber schrieb sie Goethe nach

Jena: «Ich bin fleißig und sorge vor meine Kinder, die sich recht wohl befinden.»

Gustel schilderte dem Vater in seiner kindlich-munteren Art die Ausgestaltung des Martini-Tages daheim: «Es war zwar schon am Montage Martini, bei uns aber wurde er erst gestern gefeiert. Er hat den kleinen Schiller und mich gleich freigebig beschenkt. Wir bekamen von ihm Äpfel, ein jeder eine Pfefferscheibe, Karl ein Zuckerweibchen und ich ein Zuckermännchen, endlich erhielt Karl ein Zuckerstrezelchen, ein Anisbrötchen, einen Wachsstock, ich aber zwei Zuckerstrezel und einen Wachsstock. Nachher belustigten wir uns damit, daß wir an die Zuckerfiguren angezündeten Wachsstock klebten. Leben Sie wohl und behalten Sie mich lieb.» In einem weiteren Briefchen erzählte der Sohn von seinen Tauben. Er hatte sich auf dem Markt die Columba dasypus – eine Trommeltaube – zu 3 Groschen 6 Pfennigen gekauft. Nun bekam er von der bekannten Familie Wittich einige Paare hinzugeschenkt. «Sie haben immer sehr guten Appetit, so daß ich nicht Gerste genug streuen kann», berichtete Gustel. Traurig war er nur darüber, daß der Vater noch nicht heimkam. Auch Christiane klagte: «Lieber, ich glaube nun nicht, daß Du diese Woche kömmst. Die Optik hat mich gar nicht gefreut; der Gustel hat auch gleich gesagt: ‹Nu kömmt das Väterchen noch nicht›.»

Präsente der Frau Aja

Außer türkischem Weizen, den sie regelmäßig zum Frühjahr schickte, ließ Goethes fürsorgliche Mutter sich mancherlei Präsente einfallen, um ihre Lieben in Weimar zu erfreuen. Heuer schickte sie ein Kästchen mit kandierten Maronen, von denen sie wußte, daß der Sohn sie gerne aß; die «liebe Tochter» bekam Stoff für ein Kleid, dazu allerlei Borten und Stickereien als Ausschmückung. Und Gustel wurde verwöhnt mit herrlichem Konfekt aus der besten Frankfurter Konditorei. Im übrigen schrieb Frau Aja über den großartigen Eindruck, den Goethes Hauswesen auf eine gemeinsame Freundin, Frau de la Roche aus Frankfurt, gemacht hätte. «Nach der Rückkehr der Mama la Roche empfinde erst recht, wie du mir zu liebe dich in meiner kleinen Wohnung beholfen hast. Ei! was hat die mir und allen deinen Freunden vor eine herrliche Beschreibung deines Haußes und deiner gantzen Einrichtung gemacht, das deliziese Gastmahl das Du Ihr gegeben hast, das prächtige grüne atlasne Zimmer, der herrliche Vorhang, das Gemälde das dahinter war – Summa Summarum – einen gantzen Tag hat sie mich davon unterhalten.»

Verschönerungen im Hause

Es war das Empfangs- und Musikzimmer, das Mama la Roche beschrieben hatte. Die Hoftapezierer tapezierten es mit grünem Atlas aus; die Supraporte, nach römischen Vorbildern, war von Heinrich Meyer gemalt worden. Sie stellte unter anderem einen Satyr dar, der von Amoretten geplagt wird, und Amor, wie er einen Satyr mit Wein betört. Das erwähnte Gemälde war eine Kopie der «Aldobrandinischen Hochzeit» nach dem römischen Wandgemälde im Vatikan, von Heinrich Meyer.

Seit Ende Oktober 1799 gab es einen weiteren Hausgenossen bei Goethe: den Kunstmaler und Porträtisten Friedrich Bury. Er beschäftigte sich einerseits mit der künstlerischen Ausgestaltung der Räume, aber auch mit einem Porträt Goethes und allerlei Aufträgen vom herzoglichen Hause.

Christiane und Bury verstanden sich sehr gut. Mit Goethes Billigung fand sie während seiner häufigen Abwesenheit in Bury einen treuen Begleiter und Ratgeber. Aus dieser Zeit stammt auch ein Christiane-Porträt von Bury.

1800

Reise nach Leipzig

Am 28. April 1800 reiste Goethe zur Ostermesse nach Leipzig. Kaum war er dort, bekam er Sehnsucht nach den Seinen. Also schrieb er Christiane, entweder sie oder Gustel möchten ihn besuchen. «Ich will diese Woche noch hier bleiben und thue Dir vielleicht den Vorschlag, daß Du mich zu Anfang der künftigen etwa abholst. Das heißt, etwa Sonntags, den 11. Mai. Ich freue mich darauf, Dich hier zu sehen, denn ohne Dich und das gute Kind schmeckt mir kein Genuß.»

Auf diesen Brief antwortete Christianes Bruder, Christian August Vulpius: «Es ist Wäsche und ein ewiges Reinmachen im Hause. Man glaubt nicht fertig zu werden. Ich muß also schreiben. Schillings Fuhr nach Leipzig würde bis etwa 20 Thaler kosten. – Meine Schwester will aber lieber, weil des Herrn Geh. Raths Wagen und Räder fertig werden, ein Pferd dazu miethen und mit eigenem Geschirre fahren, wo es weniger kosten würde.»

Goethe antwortete sogleich. Es blieb bei seiner Einladung für Christiane und den Kleinen. «Ich überlasse Dir, ob Du unsern Wagen nehmen willst oder den Wagen des Kutschers, von dem Du die Pferde nimmst. Doch wäre es gut, wenn die Equipage ein bißchen artig aussähe, denn man fährt doch spazieren und da mag man gern ein bißchen geputzt erscheinen. Bringe nichts als weiße Kleider mit, man sieht fast nichts Anders. Ein Hütchen kannst Du gleich hier kaufen.»

Fünf Tage später machte Christiane sich frohgemut mit dem Sohn auf die Reise. Sie fuhren morgens früh von Weimar ab und waren schon nachmittags in Leipzig. Von den Belustigungen des gemeinsamen Aufenthaltes berichtet Goethes Tagebuch: «Am 10. Mai Abends spazieren und im Garten gegessen. Am 11. Mai. Früh durch die Stadt gegangen, in die Nikolaikirche. In Auerbachs Keller. Mittags zusammen an der Table d'hote. Nach Tische um die Stadt gefahren. Nach Gaschwitz und Connewitz. Abends nach der Funkenburg, zusammen zu Nacht gespeist. Am 12. Mai. Früh Verschiednes einzukaufen ausgegangen, dann zu Herrn Unger Kattuntapeten und Bordüren besehen. Mittags zusammen an der Table d'hote. Nach Tisch kam Hr. Rat Schlegel. Abends noch durch die Buden, verschiedne Waren ausgesucht. Sodann in die Komödie. Ariadne auf Naxos... Den 13. Mai Abends in die Komödie ward Aballino gegeben. Den 14. Mai. Früh verschiedne Abschiedsbesuche... Abends ins Requiem, sodann in Rudolphs Garten.»

Am 16. Mai kehrten die drei nach Weimar zurück. Goethe reiste nach Jena weiter, weil – wie er Schiller schrieb – er daheim ein für allemal zu keiner Art Besinnung käme. Gleich nach seiner Ankunft in Jena begann er damit, Voltaires «Tancred» zu übersetzen.

Teurer Haushalt

Anscheinend war 1800 ein Jahr der Teuerungen. Denn Christiane kam mit ihrer Haushaltskasse nicht zurecht. Das ließ sie den Hausherrn Anfang September wissen: «Wenn Du mir kein Geld schicken kannst, so schreib dem Professor, daß er einstweilen 3 Carolin gib, bis Du wiederkommst; ich brauche es sehr nothwendig. Es ist itzo das Vierteljahr, wo ich am nothwendigsten Geld brauche, um alles vor dem Winter einzurichten. Es wird aber hier alle Tage theurer, daß man bald mit aller guten Laune zuletzt mißmuthig werden muß. Ich bin auch recht verdrüßlich, daß bei uns so viel aufgeht, und richte es doch so genau ein als möglich, und es will doch nicht reichen. Wenn ich das Gemüs itzo nicht hätte, so wüßt ich nicht, wie ich auskommen wollte. Ich bin so verdrüßlich, daß mein armer Schatz so viel Geld ausgeben muß, und man wird nie recht froh dabei.»

Um die Kasse etwas aufzubessern, verkaufte Christiane eifrig von den Erträgen ihrer Gärten. Spargel, Kraut, Artischocken, Schwarzwurzeln fanden ihren festen Abnehmer. Mancher Taler wanderte so in die Kasse, und die Hausfrau konnte Goethes Geldbörse schonen.

Christiane und das Werk Goethes

Um diese Zeit hatte Christiane abends eine für sie ungewohnte Beschäftigung: sie las! «Ich habe alle Abende vor langer Weile gelesen und bin allemal um halb 9 Uhr zu Bette gegangen. Aber einmal bin ich so ins Lesen hineingekommen, daß ich bis um 1 Uhr gelesen habe; und wenn der Gustel auf dem Kanapee sich nicht geregt hätte, ich hätte noch länger gelesen. Das war die ‹Heilige Genoveva› von Tieck, das ist sehr schön.»

Goethe mag gelächelt haben, wenn sie zu Tieck griff, anstatt zu seinen Werken. Aber wir wissen aus seinem eigenen Munde, daß er Christiane verzieh, wenn sie nicht in seinem Schaffen lebte. Denn zu Graf Reinhard äußerte er einmal: «Das Reich des Geistes hat kein Dasein für sie, für die Haushaltung ist sie geschaffen. Hier überhebt sie mich aller Sorgen, hier lebt und webt sie; es ist ihr Königreich. Dabei liebt sie Putz, Geselligkeit und geht gern ins Theater. Es fehlt ihr aber nicht an einer Art von Kultur, die sie in meiner Gesellschaft und besonders im Theater erlangt hat.»

Bei anderer Gelegenheit sagte Goethe: «Sollte man wohl glauben, daß diese Person schon zwanzig Jahre mit mir gelebt hat? Aber das gefällt mir eben an ihr, daß sie nichts von ihrem Wesen aufgibt und bleibt, was sie war.»

Getrenntes Weihnachtsfest

Anfang November begannen im Hause am Frauenplan die Vorbereitungen für das Weihnachtsfest. In diesem Jahr wurden sie so turbulent, daß Goethe befürchtete, den «Tancred» nicht in Ruhe übersetzen zu können. So zog er noch im alten Jahr nach Jena ins Schloß.

Trotzdem vergaß er nicht, Gustels sehnlichen Wunsch nach einem Puppentheater zu erfüllen. «Das Theater für August ist bestellt, und ich habe schon mit Götzen gesprochen, der mir helfen will, das Portal und die Straßendecoration zu malen, womit ich denn etwa heut über acht Tage Abends anlangen werde.»

Von Christiane kam ein beglückter Brief, weil eine Kiste mit Geschenken von Frankfurt angekommen war: «Ich habe mich sehr gefreut. Es waren 20 Ellen seidenes Zeug darin vor mich und auch ein Paar schöne Schuh und ein Paar seidene Strümpfe, schöne Spitzen und vor August sehr schönes Tuch 3 und ½ Elle und Knöpfe auch zu einer Weste. Die gute Mutter! es kostet ihr gewiß viel, denn es ist alles sehr schön.» Auf ihre schalkhafte Art fügte Christiane gleich eine Bitte an den «Heiligen Christ in Jena» bei: «Nun wünschte ich nur, der heilige Christ verlör in Jena 10 Ellen weißen Halb-Atlas, die Elle zu 12 Groschen, das wären 5 Thaler; das wäre dem heiligen Christ ein Leichtes. Oder nur 5 und ½ Elle Calico-Halb-Atlas, das wäre nur 2 Thaler 18 Groschen, die Elle zu 12 Groschen. Das müßte der heilige Christ aber bald verlieren; solltest Du ihm etwa unverhofft begegnen, so kannst Du mit ihm darüber sprechen. Du mußt aber ja nicht böse werden, daß ich dich mit einem solchen Auftrage beschwere; ich werde auch nicht böse, wenn es mir abgeschlagen wird.»

Im übrigen bat Christiane, Goethe möge mit Gustels Theater ja am «Mittewoch» kommen, «denn sonst könnte ich dem Gustel gar keinen Spaß machen, weil ich weiter nichts zu spielen habe».

Das Spielzeug traf ein, nicht aber der Vater. Wir wissen nicht, warum Goethe das Weihnachtsfest 1800 nicht mit den Seinen verlebte. Noch am 24. Dezember notierte er im Tagebuch, daß er den «Tancred» geendigt habe. Erst am 26. Dezember kam Goethe mit heftigem Katarrh in Weimar an. Das Jahr 1801 sollte für ihn mit einer ernstlichen Erkrankung beginnen.

Krankheit Goethes

Am Krankenlager des Hausherrn versammelten sich verängstigt Christiane, Gustel, Heinrich Meyer, Tante Vulpius und Schwester Ernestine. Vor allem Christiane stand große Ängste aus, wie sie da Stunde um Stunde, Tag und Nacht am Bette saß und dem Kranken jeden Wunsch von den Augen ablas.

Es handelte sich um eine starke Erkältung, die bis zum 17. Januar unvermindert anhielt. Nach dem Tagebuch läßt sich der Krankheitsverlauf verfolgen. Am 3. Januar heißt es dort: «Vermehrte sich mein Katarrh», am 5. Januar: «Brachte ich meistens den ganzen Tag im Bette zu.» Am 6. Januar: «Das Übel war nicht besser und befand mich deshalb meist im Bette.» Am 7.: »War die Entzündung des Auges am höchsten, sowie der Krampfhusten sehr heftig.« Am 8. Januar trat anscheinend die Krise ein. Goethe notierte: «Vergangene Nacht war sehr unruhig und ohne den geringsten Schlaf, noch ein starker Husten.»

Als er sich auf dem Wege der Besserung befand, schrieb Goethe einen Brief an seine Mutter, in dem er Christiane und den Sohn mit besonderem Lob bedachte: «Wie gut, sorgfältig und liebevoll sich meine liebe Kleine bei dieser Gelegenheit erwiesen, werden Sie sich denken, ich kann ihre unermüdete Thätigkeit nicht genug rühmen. August hat sich ebenfalls sehr brav gehalten, und beide machen mir bei meinem Wiedereintritt in das Leben viel Freude.» Da mehrere Angelegenheiten Goethes Anwesenheit auf seinem Gut notwendig machten, verbrachte er dort die Zeit vom 25. März bis zum 30. April 1801. Immer noch fühlte er sich nicht ganz genesen. Vom 5. Juni an war er daher zur Kur in Bad Pyrmont, und zwar in der Gesellschaft Gustels und seines Schreibers Ludwig Geist.

Treffpunkt: Kassel

Um Christiane die nunmehr zehnwöchige Trennung ein wenig zu erleichtern, machte Goethe brieflich den Vorschlag, sich mit ihr in Kassel zu treffen. Von dort sollte die Rückfahrt nach Weimar gemeinsam angetreten werden. Christiane sagte mit tausend Freuden zu. Am 13. August 1801 machte sie sich mit dem Fuhrwerk, in Begleitung von Nikolaus Meyer, auf die Reise. Im Posthaus am Kasseler Königshaus fand zwei Tage später das frohe Wiedersehen statt. Fünf Tage erfreuten Goethe und die Seinen sich des Beisammenseins. Aus Goethes Tagebuch kennen wir einen Teil des täglichen Programmes. «Sonntag am 16. Fuhr ich mit den Meinigen nach Wilhelmshöhe, wo die Wasser sprangen. Vormittag mit Hrn. Prof. M(eyer) in der Bildergalerie. Montag am 17. ... Abends in Camilla. Freitag am 21. Früh 4 Uhr von Kassel ab. Mittag in Hoheneiche. Abends bis Creuzburg. Montags am 24. Nachmittags in Gotha um 2 Uhr. Dienstag am 25. Gingen die Meinigen nach Weimar ab.»

Goethe selbst hatte seine Pläne geändert. Er blieb noch bei dem Prinzen August in Gotha zu Gast. Erst am 30. August kehrte auch er in seine Häuslichkeit zurück.

1802

Arbeit an der «Natürlichen Tochter»

Am 8. Februar 1802 reiste Goethe wieder nach Jena, um ungestört arbeiten zu können. Denn daheim stand wieder einmal das Schlachtfest bevor, das sehr viel Unruhe mit sich brachte. Recht verdrießlich beklagte er sich aber sogleich über das Jenaer Essen. «Mein Mittagstisch ist wie immer nur zur Noth genießbar; gestern habe ich mir durch ein Gericht Meerrettig den ganzen Nachmittag verdorben. Götze hat mir fürtreffliche Knackwürste ausgemacht, sie mögen nur ein klein bißchen zu stark gesalzen sein. Deine bleiben noch immer die besten. Sorge ja bei der neuen Schlacht dafür, daß sie gut werden, weil ich zum Frühstücke nun daran gewöhnt bin.» Goethes weitere Wünsche betrafen Schweinewildpret und etwas Caviar. Christiane erfüllte sie sogleich. Die Botenfrau Wenzel trug ein ganzes Wildpretkeulchen nach Jena, dazu 2 Feldhühner, die Goethe sich – nach Christianes Weisung – von der Frau des Schloßvogtes Trabitius braten lassen sollte. «Da hast Du doch zwei Mittage was.»

In seinem poetischen Exil blieb Goethe mit einigen Unterbrechungen bis zum 15. Mai. Die Arbeit an der «Natürlichen Tochter» war inzwischen gut vorangegangen.

Unpässlichkeit Christianes

Der Hausherr fand Christiane recht unpäßlich. Sie hatte dieses Mal sehr unter den Beschwerden der Schwangerschaft zu leiden. Sie war in ständiger Behandlung bei dem vielgerühmten Jenaer Arzt, Johann Christian Stark. «Ich gebrauche immer Dr. Stark», schrieb sie in dieser Zeit an den Hausfreund Nikolaus Meyer in Bremen, «entweder wird es besser, oder man geht sacht zur Ruh, was doch am besten ist.»

Die sonst so lebenslustige Frau erschien seltsam verändert. Nur um Goethes und Gustels willen nahm sie sich zusammen. Auch die Bäder in Lauchstädt, die Christiane ab und zu besuchte, halfen nur wenig. Vor allem hatte sie unter hartnäckiger Schlaflosigkeit zu leiden, was aus einem ihrer Briefe hervorgeht: «Mir geht es auch gut, nur daß ich niemals schlafen kann, wenn Du nicht da bist. Heute Nacht habe ich beinahe kein Auge zuthun können; ich weiß gar nicht, was das ist. Heute haben wir Wäsche, ich will sehen, daß ich mich recht müde mache, daß es besser wird.»

Gustel wird konfirmiert

Am 13. Juni 1802 sollte Gustel konfirmiert werden. Goethe hatte Herder gebeten, den Knaben auf diesen Schritt vorzubereiten. Am Tage der Konfirmation gab Goethe ein Essen. Es waren laut Tagebuch nur einige Freunde des Hauses geladen: Herr Consistorial-Rath Günther, Herr Professor Kästner und Frau, Herr Eisert. Abends kam Schiller. Es wurde das von Goethe verfaßte Vorspiel zur Eröffnung des neuen Lauchstädter Theatergebäudes vorgelesen. Goethe befaßte sich stets ernsthaft mit der Ausbildung des Sohnes. Um ihn musisch zu fördern, ließ er ihm auch Klavierunterricht erteilen. Gustel blieb aber trotz eines reichhaltigen Erziehungsprogrammes lange sehr kindlich. Das beweist ein Brief, den er an den Vater richtete: «Ich spiele jetzt auf dem Clavier das schöne Stückchen: ‹Jüngst sprach mein Herr, der Bader›, welches ich Ihnen auch in Jena vorsingen will.» Schon jetzt sollte sich zeigen, daß der Vater den Sohn weit überforderte in dem Bestreben, ihn eines Tages als ebenbürtigen Nachfolger zu sehen.

Geburt und Tod des fünften Kindes

Am 16. Dezember 1802 wurde ein kleines Mädchen geboren. Es lebte nur drei Tage. Nach dem Eintrag im Taufregister der Weimarer Hofkirche wurde es am 18. Dezember «wegen zugestoßener Schwäche von der Wehmutter, Frau Gottschalgin, genothaufet».

Die kleine Tochter starb am «Stöckfluß» – tief betrauert von den Eltern. «Der neue Gast wird wohl schwerlich lange verweilen, und die Mutter, so gefaßt sie sonst ist, leidet an Körper und Gemüth», schrieb Goethe am 19. Dezember an Schiller. Ein paar Stunden später war das Kindchen tot.

1803

Goethe kränkelt

Erst am 17. April 1803 schickte Goethe sich an, wieder nach Jena zu gehen. Das Frühjahr war kalt, so daß Christiane um die Baumblüte fürchtete. Goethes Stimmung um diese Zeit war sehr schlecht. Sein Hang zur Hypochondrie machte sich stärker bemerkbar als je zuvor.

In einem Brief an ihren Freund Nikolaus Meyer in Bremen klagte Christiane: «Ich lebe ganz still und sehe fast keinen Menschen. Das Theater ist noch einzig und allein meine Freude. Ich lebe aber wegen des Geheimraths sehr in Sorge, er ist manchmal ganz Hypochonder, und ich stehe viel aus; weil es aber Krankheit, so thue ich alles gern, habe aber so gar niemand, dem ich vertrauen kann und mag. Schreiben Sie mir aber auf dieses nicht, denn man muß ihm ja nicht sagen, daß er krank ist, ich glaube aber, er wird wieder einmal recht krank.»

Um die Theaterspielzeit vorzubereiten, reiste Goethe am 3. Mai nach Lauchstädt. Sieben Tage später traf er wieder in Weimar ein, um sich am 15. nach Jena zu begeben.

Offenbar weckte der Frühling neue Lebenskräfte in ihm. Jedenfalls nahm er die frühere Gewohnheit wieder auf, stundenlang auszureiten. Eine neue Arbeit hielt ihn daneben ganz gefangen: die Übersetzung der Lebensgeschichte des Benvenuto Cellini, die er überarbeitete und erläuterte.

Seiner Hauptsorge entledigte Goethe sich Anfang Juni 1803: Er verkaufte sein Gut Ober-Roßla! Eine Last wich damit von seinen Schultern; denn er war nun einmal nicht zum Landmann geboren.

Kur in Lauchstädt

Im Juni und Juli 1803 war Christiane in Lauchstädt und machte dort eine Badekur. Goethe hatte sie außerdem beauftragt, ihn über die Geschicke des dortigen Theaters auf dem laufenden zu halten – eine Aufgabe, der sie sich mit viel Hingabe entledigte. «Es war mir, als hätte ich wieder ganz neues Leben bekommen», schrieb sie dankerfüllt, «und dafür danke ich alles Dir, Lieber, und werde ewig dankbar sein.»

Dieses Mal hütete Goethe das Haus am Frauenplan. Er berichtete nach Lauchstädt über den Fortgang des Hauswesens, damit Christiane nicht unruhig würde: «Seit meiner Rückkunft von Jena greift sich die Köchin besonders an und kocht sehr gut.» In Haus und Garten zeigte sich alles in schönster Ordnung.

Einen rührenden Wunsch äußerte Goethe in dem nächsten Brief: «Schicke mir mit nächster Gelegenheit Deine letzten, neuen, schon durchgetanzten Schuhe, von denen Du mir schreibst, daß ich nur wieder etwas von Dir habe und an mein Herz drukken kann.»

Goethe liebte es, Christiane vergnügt zu wissen. Aus dem Maß an Freiheit, daß er seinem «Wesen» ließ, leitete er allerdings für sich das Vorrecht ab, jedem Zwang auszuweichen. Und Christiane war liebevoll und freizügig genug, ihn gewähren zu lassen.

Ein neuer Hausgenosse

Anfang 1803 hatte Heinrich Meyer geheiratet. Ein Fräulein Luise von Koppenfels wurde seine Gattin. Nun verließ er Goethes Haus, um sein eigenes Heim zu gründen. Vor allem Christiane war sehr betrübt; Meyer war ihr in der langen Zeit sehr ans Herz gewachsen. Aber schon meldete sich ein neuer Hausgenosse an: Friedrich Wilhelm Riemer, der die zwei Stuben im Dachgeschoß bezog, die Meyer so lange bewohnt hatte. Riemer sollte in erster Linie Gustel unterrichten, über dessen mangelhafte Kenntnisse in Latein und Griechisch Goethe bekümmert war. Er wünschte für den Sohn einen energischen Lehrer, der ihn zur Universitätsreife heranbilden könne.

1804

Götz von Berlichingen

Anfang des Jahres 1804 begann Goethe endlich damit, eine neue Bühnenbearbeitung seines «Götz von Berlichingen» zu schaffen. Er schrieb darüber am 27. Februar an Zelter, es ginge ihm darum, das Werk «zu einem Bissen zusammenzukneten, den das deutsche Publicum allenfalls auf einmal hinunterschluckt».

Häuslicher als je zuvor hielt Goethe es bis Ende Mai in Weimar aus. Erst dann begab er sich nach Jena, um am 10. Juli wiederzukehren. Denn Christiane reiste wieder nach Lauchstädt. Goethe fühlte sich glücklich in dem stillen Hause. Und er ließ es Christiane wissen: «Lebe recht wohl und vergnügt. Im Hause geht alles recht ordentlich. Dein Geistchen scheint darin umzugehen und alles anzuordnen.»

Am 17. August folgte Goethe Christiane nach Lauchstädt. Sie verlebten dort vergnügte Tage. Gemeinsam kehrten beide am 3. September für den Rest des Jahres nach Weimar zurück.

1805

Und wieder Krankheit

Eine erneute schwere Krankheit warf Goethe Anno 1805 nieder. Sie ließ den frohen Rhythmus des Hauswesens plötzlich stocken. Das Tagebuch verzeichnet am 12. Januar die Eintragung: «Blieb im Bette.» Und am 22. Januar heißt es kategorisch: «Bisher Krankheit und Rekonvaleszenz.»

Ein Brief Christianes an Nikolaus Meyer in Bremen aber zeigt uns die wahren Hintergründe dieser Krankheit, die Goethe viele Monate an das Schmerzenslager fesselte und den «Hausschatz» in tausend Ängste versetzte: «Der Geheimrath hat nun seit einem Vierteljahr fast keine gesunde Stunde gehabt und immer Perioden, wo man denken muß, er stirbt. Denken Sie also an mich, ich die außer Sie und dem Geheimrath keinen Freund auf dieser Welt habe, und Sie licber Freund sind wegen der Entfernung für mich doch so gut wie verloren. Und dann kommt noch dazu, daß die Ernestine sich abzehrt und auch dem Grabe sehr nahe ist, und die Tante ist auch sehr schwach, es ist also die ganze Last der großen Haushaltung auf mich gewälzet und ich muß fast unterliegen... Vor 2 Tagen begleitete ich August bis Erfurt; ich verließ den Geheimrath wohl. Ich war kaum ein Paar Stunden da, als ich einen Boten erhielt, daß er sich sehr übel befände; ich reiste gleich zurück und fand ihn sehr schlecht. Jetzo, daß ich Ihm das schreibe, befindet er sich durch Hülfe des H. Hofrath Stark besser, aber nicht außer Bette und stelle mir nichts Gutes vor. Ich glaube die Ärzte kennen seine Krankheit nicht recht, oder es ist ihm nicht mehr zu helfen. Ich weiß gar nicht wie ich denken soll, der

Zufall kommt gewöhnlich alle vier Wochen mit den größten Schmerzen, wobei er gewiß noch unterliegen muß. Ich glaube es sind Hämmorrhoidalumstände, denn der Schmerz ist im Unterleibe, aber Stark will nichts wissen.»

Auch Frau Aja in Frankfurt ängstigte sich um den Sohn. Christiane schickte Gustel zu ihr, damit er die alte Frau ein wenig aufheitere. Er blieb viereinhalb Wochen bei der Großmutter zu Besuch.

SCHILLERS TOD

Am 9. Mai 1805 starb Friedrich von Schiller. Sein Tod erschütterte Goethe so sehr, daß der Arzt bei dem eben Genesenen einen Rückfall befürchtete. Auch dem Begräbnis des Freundes blieb Goethe fern, wie er es denn immer vermied, nahestehende Menschen auf ihrem letzten Wege zu begleiten. Erst Ende Juni hatte er den schmerzlichen Verlust so weit überwunden, daß er zu einem mehrtägigen Aufenthalt nach Jena reisen konnte. Doch der Freund fehlte ihm überall. Und Christiane erfuhr in einem Brief, daß «es mit der Geschäftigkeit nicht mehr so lebhaft fort will». Bis an das Ende seiner Tage gedachte Goethe in Treue und Verehrung seines Freundes. Noch kurz vor seinem Tode zeigte er Eckermann und Riemer Briefe Schillers und sagte von ihm: «Er war ein prächtiger Mensch ... alle acht Tage war er ein anderer, ein vollendeterer; jedesmal wenn ich ihn wiedersah, erschien er mir vorgeschritten in Belesenheit, Gelehrsamkeit und Urteil. Seine Briefe sind das schönste Andenken, das ich von ihm besitze.»

Goethe in Lauchstädt

Vom 3. Juli 1805 an waren Goethe und Christiane wieder in Lauchstädt. Goethe spürte schon nach den ersten Bädern einen günstigen Erfolg. Riemer, der ebenfalls dort war, schrieb darüber an Karl Friedrich Frommann in Jena: «Die Tuschbäder bekommen ihm sehr wohl. Er hält auf Diät und ißt des Abends nichts, außer Thee und vielleicht späterhin eine Suppe. Aber lange wird es wohl nicht dauern: denn der Hausgeist wird ihm so lange zureden, daß der Thee ihn schwäche und er etwas Ordentliches genießen müsse etc., wie wir es schon erlebt haben.»

Es klingt ein leiser Vorwurf aus diesen Zeilen. Fast möchte der Eindruck entstehen, als hätte Christiane den Patienten von der verordneten Diät abzuhalten versucht. Das trifft kaum zu. Vielmehr wünschte sie, den Genesenden mit ausgesuchten Speisen zu kräftigen. Wenn sie dabei mit den ärztlichen Verordnungen in Konflikt geriet, so mag man das ihrer großen Besorgnis zugute halten.

Einigermaßen wieder hergestellt, kehrte Goethe am 6. September 1805 nach Weimar zurück.

Eine Eingabe Goethes

Wegen des schwierigen Problems im Hause, der Dienstboten, mußte Goethe am 10. September eine Eingabe machen. Sie ging an den Regierungsrat Carl Wilhelm von Fritsch in Weimar: «Fürstliche Generalpolizeydirection erwirbt sich um sämmtliche hiesige Haushaltungen durch die neuen Einrichtungen, das Gesinde betreffend, ein unschätzbares Verdienst, wobey sie, besonders anfänglich, manche außerordentliche Bemühungen gefällig übernimmt, welche zu vermehren ich soeben genöthigt bin. Ew. Hochwohlgeboren erlauben folgenden Vortrag. Johanna Höpfnerin von Eisenach hat als Hausmagd ein halbes Jahr, sodann als Köchin ein Jahr bey mir gedient, und man konnte mit ihrer Treue und Thätigkeit zufrieden seyn, nur ward ihr übriges gutes Betragen durch leidenschaftliche Ausfälle unterbrochen, dergleichen vor kurzem sich einer zeigte, weßhalb sie aus dem Dienste entlassen werden mußte.

Sie fühlt wohl nun gegenwärtig, welche gute Stelle sie verscherzt hat, und wünscht wieder aufgenommen zu werden, wozu ich auch nicht abgeneigt wäre, wenn es unter den Auspicien fürstlicher Generalpolizeydirection geschehen könnte, und zwar dergestalt, daß ich gedachte Köchin abermals bis Ostern miethete, mir jedoch ausdrücklich vorbehielte, sie wenn sich wieder ein solcher Ausbruch von Heftigkeit und Unsinn ereignete, sogleich aus dem Dienste zu entlassen und ihr an Lohn nicht mehr, als so viel sie bis zu einem solchen Augenblicke verdiente, zu verabreichen.

Genehmigt fürstliche Generalpolizeydirection diesen Antrag, so bin ich bereit, mehrgedachte Person sogleich wieder aufzunehmen, und verfehle nicht, meinen Dank für die übernommenen Bemühungen fürstlicher Generalpolizeydirection für meine Person auf das Lebhafteste abzustatten.

Der ich mit vorzüglicher Hochachtung unterzeichne
Weimar, den 10. September 1805.
Ew. Hochwohlgeboren

ganz gehorsamster Diener J. W. v. Goethe.»

Wie diese Angelegenheit ausging, ist nicht bekannt. Jedenfalls kamen solche Zwischenfälle immer wieder vor, wie Goethes entsprechende Eingaben beweisen.

1806

Düsterer Horizont

Das Jahr 1806 begann unruhig und unter traurigen Vorzeichen für Goethes Haus. Am 7. Januar starb Christianes Schwester Ernestine an «Auszehrung». Am 1. März folgte ihr Christianes Tante Juliane nach. Über diesen doppelten Verlust war die Hausfrau sehr betrübt. Vor allem aber beunruhigte sie Goethes Befinden. «Mit dem Geheimrath geht es wieder leidlich», schrieb sie an Nikolaus Meyer, «aber ich fürchte auch nur, daß es Flickwerk ist. O Gott, wenn ich mir denke, daß eine Zeit kommen könnte, wo ich so ganz allein stehen könnte, das verdürbe mir manche frohe Stunde.»

Wechselvoll, wie Goethes Zustand, waren auch die Zeiten. In Weimar gab es laufend Einquartierung. Einige Offiziere hatten auch am Frauenplan ihr Domizil aufgeschlagen. «Wegen der Preußen, die bei uns sind, haben wir alle Tage etliche Officiere zu Tische und auch welche im Hause. Und nun kommt noch dazu, daß ich dieses alles ganz allein besorgen muß», klagte die Hausfrau in einem Brief an Meyer.

Noch im Februar des Jahres 1806 finden sich in Goethes Tagebuch Mitteilungen über das Auf und Ab seines Zustandes. Am 3. vermerkte er: «Üble Nacht. Verlorner Tag.» Am 20. hoffnungsvoll: «Rekonvaleszenz.» Am 28. dagegen wieder: «Böse

Nacht. Meist verlorner Tag.» Am 25. Mai abermals: «Üble Nacht. Verlorner Tag.»

REISE NACH KARLSBAD

Sowohl Dr. Stark wie auch Hofrat Huschke, die Goethe behandelten, stimmten für einen längeren Badeaufenthalt, um den geschwächten Körper gründlich zu kurieren. Goethe entschied sich schließlich für eine Kur in Karlsbad, und Christiane war froh, daß er einmal von Hofämtern und Verpflichtungen völlig entlastet war. Sie dagegen wollte sich von den Strapazen in Lauchstädt erholen.

Am 29. Juni reiste der Geheimrath in Begleitung Riemers und des Schloßkommandanten von Jena, Major von Hendrichs, nach Karlsbad. Sobald sie am Ziel waren, schrieb Goethe: «Noch setze ich ... hinzu, daß ich Dich und August herzlich grüße und euch alles Vergnügen wünsche. Wenn es Dich auch etwas mehr kostet, so hats nichts zu sagen.» Und speziell für Christiane fügte er hinzu: «Lebe übrigens recht wohl bei Deinen Frühstücken, Mittagessen, Tänzen und Schauspielen.»

Christiane und Goethe fühlten sich herzlicher verbunden denn je. Jeder gönnte dem Partner sein Teil an Lebensfülle und Freude, jeder schätzte und achtete ihn so, wie er nun einmal war.

Gut erholt und frei von Beschwerden traf der Hausherr am 11. August 1806 in Weimar ein.

GOETHE IN LEBENSGEFAHR

Während er noch im Jenaer Schloß unter Assistenz des Bergrates J. G. Lenz beschäftigt war, die in Karlsbad gesammelten Mineralien auszupacken, zog sich die schwarze Wolke des Krieges über dem Lande zusammen. Preußen hatte sich im Herbst zum Krieg entschlossen. Die weimarischen Gebiete wurden zum Sammelplatz der Armee. Truppendurchmärsche wechselten ab mit Einquartierungen; Freund und Feind suchten Haus und Keller heim. Es wurde requiriert, geplündert und gebrandschatzt.

Um in diesen bangen Tagen mit den Seinen vereint zu sein, kam Goethe am 6. Oktober von Jena zurück. Christiane verlangte nach seinem Beistand. An manchem Abend waren bis zu achtundzwanzig Betten im Hause belegt, und alle diese Menschen mußten aus Küche und Keller versorgt werden.

Am 14. Oktober wurde bei Jena die entscheidende Schlacht geschlagen. Preußen war vernichtet. In den Straßen von Weimar kämpften versprengte Soldaten gegen die nachdrängenden Franzosen. Überall Raub und Plünderung; viele Häuser gingen in Flammen auf, andere litten schwer unter dem Bombardement.

Über das Geschehen dieser Tage erfahren wir aus Goethes Tagebuch in Stichworten. Es verzeichnet schon am 10. Oktober: «Starker Truppenmarsch durch die Stadt und die Gegend.» Am 14.: «Früh Kanonade bei Jena, darauf Schlacht bei Kötschau. Deroute der Preußen. Abends um 5 Uhr flogen die Kanonenkugeln durch die Dächer. Um ½6 Einzug der Chasseurs. 7 Uhr Brand, Plünderung, schreckliche Nacht. Erhaltung unseres Hauses durch Standhaftigkeit und Glück.» Am 15. berichtet Goethe: «Marschall Lannes im Quartier und General Victor. Beschäftigung mit Sicherung des Hauses und der Familie.» Am 16.: «Lannes ab. Gleich darauf Marschall Augereau. In dem Intervall die größte Sorge.

Bemühung um Sauvegarden usw. bis schließlich das Haus ganz voll Gäste war.»

Der verhängnisvolle Tag

Über die Vorgänge, die sich bei Goethe an jenem 14. Oktober 1806 abspielten, erfahren wir durch Riemer, der Augenzeuge wurde: «Dienstag, den 14. Oktober 1806, des Morgens um 7 Uhr hörte man in Weimar ganz deutlich die Kanonade der Schlacht bei Jena. In Goethes Hausgarten vernahmen wir diesen Donner..., der, wie der Tag zunahm, sich verminderte und endlich ganz aufzuhören schien. Wir setzten uns daher ohne weitere Beunruhigung zu Tische, wie gewöhnlich um 3 Uhr etwa, aber wir hatten kaum angefangen, von den Speisen zu genießen, als wir Kanonenschüsse erst einzeln, darnach mehrere hintereinander ganz in der Nähe vernahmen. Wir standen sogleich auf, der Tisch wurde schleunigst abgeräumt; Goethe entfernte sich durch die vorderen Zimmer, ich eilte von der anderen Seite durch den Hof in den Hausgarten und fand ihn bereits darin auf und ab gehend. Während dessen pfiffen Kanonenkugeln über das Haus hin. Es war von der Altenburg her, und eine der Kugeln hatte in das alte Theater eingeschlagen. Ich eilte durch den Hof ins Haus zurück, mich in den unteren Räumen aufzuhalten. Während dessen ging die preußische Retirade hinter dem Garten dicht an der Ackerwand weg, in der gräßlichsten Verwirrung. Ich sah sie nicht, sondern hörte nur das Geschrei und bemerkte die Spitzen der Gewehre und sonstigen Waffen über der Gartenmauer hinschwankend. Unter Angst und Erwartung der Dinge, die da kommen sollten, unter

Hin- und Wiederrennen der Hausleute und Wegschaffen von zurückgelassenen Effekten der bisherigen preußischen Einquartierung war vielleicht eine Stunde vergangen, als eine furchtbare Stille die Straßen und den Platz vor Goethes Haus erfüllte. Da kamen einzelne französische Husaren ans nahe Frauentor gesprengt, spähend, ob Feinde in der Stadt wären. Einer wagte sich etwas weiter herein; ... und als er alles leer sah, galoppierte er und mehrere ihm nach in die Stadt hinein... Goethe ließ uns vom Schloß ins Haus sagen, wir würden zur Einquartierung den Marschall Ney bekommen und außerdem noch einige Kavalleristen, sollten aber sonst niemand hereinlassen. Es lagerten sich auch bald sechzehn derselben, meist Elsasser, in das Bedientenzimmer, waren aber so ermüdet von dem sechzehnstündigen Ritt aus Franken bis nach Jena zur Schlacht, daß sie nach nichts als Streu verlangten und das angebotene Essen und Trinken beinahe ablehnten und sich rasch nur an einigen Bouteillen Weins und Biers erquickten... Goethe war indes zurückgekommen, allein der Marschall erschien immer noch nicht, ohngeachtet die Tafel für ihn und seine Begleiter schon lange bereit war. Die Elsasser schliefen indessen fest. Das Haus war verriegelt. Ich hielt mich auf dem Hausflur hin und wider gehend auf, um gleich zur Hand zu sein, wenn der Marschall komme, indessen aber andres Volk, das sich eindrängen wolle, abzuhalten und im Notfall die Hülfe der schlafenden Reiter anzurufen. Während ich so allein auf der Diele des Hauses auf und ab gehend verweilte, ohne Licht und nur von den hochaufleuchtenden Flammen der in der Ferne brennenden Häuser die nötige Hellung empfangend, waren in einem der Zimmer des Hinterhauses eine Menge Personen aus der Stadt zusammengedrängt, die geflüchtet vor der Wut und den Mißhandlungen der Plünderer hier Schutz und Verborgenheit zu finden hofften. Einige derselben waren der Wirtin in Bereitung der Speisen und der Heraufschaffung des nötigen Kellervorrates für den erwarteten Marschall und sein Gefolge behülflich; andere jammerten über das wie ein Blitz hereingebrochene, noch nie erfahrene Unglück und Elend und vermehrten so die Bestürzung und Unruhe der Hausgenossen, die den Kopf zusammenzunehmen hatten, um das Nötigste und Geeignetste in dieser Bedrängnis nicht zu verfehlen.»

So ging es Stunde um Stunde, bis tief in die Nacht, als zwei Tirailleurs von der sogenannten «Löffelgarde» unter Drohungen Einlaß begehrten, und schließlich von Riemer mit Speise und Trank versehen wurden.

«...Der Wein schien ihnen zu munden, sie wurden heiter und gesprächig, fragten nach diesem und jenem, auch nach dem Hausherrn. Ich entschuldigte seine Abwesenheit, und mochte ihnen scheinen, die Wahrheit zu verhehlen. Sie wurden immer dringender, ihn zu sehen; ich mußte befürchten, sie möchten sich selber den Weg zu seinem Zimmer suchen und es ihm dann empfindlicher entgelten lassen. Ich eilte zu Goethe hinauf, erzählte mit kurzen Worten den Hergang, und wie ich mir nicht weiter zu helfen wußte, und ihn bäte herunterzukommen, sich den Leuten zu zeigen und sie mit mehr Gewicht abzuweisen, als ich haben könne. Er tat es auch, ohne betroffen zu sein oder zu scheinen... Obgleich schon ausgekleidet und nur im weiten Nachtrock – der sonst scherzhaft Prophetenmantel von ihm genannt wurde – schritt er die Treppe herab auf sie zu, fragte was sie von ihm wollten, und ob sie nicht alles erhalten, was sie billigerweise verlangen könnten, da das Haus bereits Einquartierung habe und noch einen Marschall in Begleitung erwarte. Seine würdige, Ehrfurcht gebietende Gestalt, seine geistvolle Miene schien auch ihnen Respekt einzuflößen, sie waren auf einmal wieder die höflichen Franzosen, schenkten ein Glas ein und ersuchten ihn, mit ihnen anzustoßen. Es geschah auf eine Weise, die jeder Unbefangene den Umständen gemäß und seiner nicht unwürdig erkannt haben würde.»

Die Tirailleurs tranken weiter und suchten dann nach einem Nachtlager, wobei sie in Goethes Schlafgemach stürzten und ihn mit den Waffen bedrohten. «... Sie hätten ihn vielleicht getötet oder doch verwundet, wenn nicht Christiane Vulpius mit Geistesgegenwart und Mut ihn gerettet hätte. Rasch warf sie sich dazwischen, rasch rief sie auf der in den Garten führenden Treppe einen der in das Hinterhaus Geflüchteten zur Hülfe, befreite mit ihm Goethe von den Wütenden und jagte sie aus den Zimmern, deren Türen sie nun verschloß und verriegelte.»

Der Bund wird geschlossen

Christianes Mut, Tatkraft und Größe bewiesen sich in diesen Tagen auf so hervorragende Weise, daß sie allen ein Vorbild war, die mit ihr die Gefahren durchlebten. Sie half, wo sie konnte; sie hielt ihr Hauswesen zusammen, sie befriedigte die verschwenderischen Köche des einquartierten Marschalls und gab von ihren Vorräten noch an die Bedürftigen ab. Mehr denn je mochte sie ihrer Umgebung als Urbild der guten, getreuen Hausfrau erscheinen, deren Lauterkeit, Unerschrockenheit und Treue alle Fehler und Schwächen hell überstrahlten.

Goethe aber sah die Gelegenheit gekommen, seine langjährige Verbindung mit Christiane durch das Gesetz zu sanktionieren.

Drei Tage nach Christianes mutiger Tat, am 17. Oktober 1806, setzte er den Oberkonsistorialrat Günther in Weimar von seinem Vorhaben in Kenntnis: «Dieser Tage und Nächte ist ein alter Vorsatz bey mir zur Reife gekommen: ich will meine kleine Freundin, die so viel an mir gethan und auch diese Stunden der Prüfung mit mir durchlebte, völlig und bürgerlich anerkennen, als die Meine. Sagen Sie mir würdiger geistlicher Herr und Vater wie es anzufangen ist, daß wir, sobald möglich, Sonntag, oder vorher getraut werden. Was sind deßhalb für Schritte zu thun? Könnten Sie die Handlung nicht selbst verrichten, ich wünschte, daß sie in der Sakristey der Stadt-Kirche geschähe. Geben Sie dem Boten, wenn er Sie trifft, gleich Antwort. Bitte! Goethe.»

So wechselten denn Goethe und sein Hausschatz nach 17jährigem Zusammenleben am Sonntag, den 19. Oktober 1806, die Ringe, in die bedeutungsvoll das Datum des 14. Oktobers eingraviert war. Der Hausgenosse Riemer und der sechzehnjährige August waren Trauzeugen. Daß Goethe diesen Schritt längst vorhatte, dafür gibt es genügend Beweise. «In Friedenszeiten», so hatte er im Hinblick auf den ungewöhnlichen Zeitpunkt der Eheschließung zu Johanna Schopenhauer, der Mutter Arthurs, geäußert, «kann man an Gesetzen wohl vorbeigehen, in Zeiten wie den unsern muß man sie ehren!»

Seine Stellung zur Ehe erklärt am besten das Wort Mittlers in den Wahlverwandtschaften: «Wer mir den Ehestand angreift, wer mir durch Wort, ja durch That, diesen Grund aller sittlichen Gesellschaft untergräbt, der hat es mit mir zu thun; oder wenn ich sein nicht Herr werden kann, habe ich nichts mit ihm zu thun. Die Ehe ist der Anfang und der Gipfel aller Kultur. Sie macht den Rohen mild, und der Gebildetste hat keine bessere Gelegenheit, seine Milde zu beweisen. Unauflöslich muß sie sein; denn sie bringt so vieles Glück, daß alles einzelne Unglück dagegen gar nicht zu rechnen ist. Und was will man von Unglück reden? Ungeduld ist es, die den Menschen von Zeit zu Zeit anfällt, und dann beliebt er sich unglücklich zu finden. Lasse man den Augenblick vorübergehen, und man wird sich glücklich preisen, daß ein so lange Bestandenes noch besteht. Sich zu trennen, gibts gar keinen hinlänglichen Grund. Der menschliche Zustand ist so hoch in Leiden und Freuden gesetzt, daß gar nicht berechnet werden kann, was ein Paar Gatten einander schuldig werden. Es ist eine unendliche Schuld, die nur durch die Ewigkeit abgetragen werden kann. Unbequem mag es manchmal sein, das glaub ich wohl, und das ist eben recht. Sind wir nicht auch mit dem Gewissen verheirathet, das wir oft gerne los sein möchten, weil es unbequemer ist, als uns je ein Mann oder eine Frau werden könnte?»

Der Eintrag im Trau-Protokoll der Hofkirche zu Weimar lautet: «Sr. Excellenz, Herr Johann Wolfgang von Göthe, Fürstl. Sächß. Geheimer-Rath allhier, mit Demoiselle Johanna Vulpius Fürstl. Sächß. Amts-Copistens allhier hinterlassene älteste Tochter, sind Dom. XX post Trinitatis als den 19. Octobris in allhiesiger Fürstl. Hofkirchen-Sacristei von dem Herrn Oberconsistorial-Rath Günther in der Stille copuliret worden.»

Mutter Goethe schrieb zu dem Ereignis die hochbeglückten Zeilen: «Zu deinem neuen Stand wünsche dir allen Segen – alles Heil – alles Wohlergehen – da hast du nach meines Hertzens Wunsch gehandelt – Gott! Erhalte Euch! Meinen Seegen habt Ihr hiemit in vollem Maas – der Mutter Seegen erhält den Kindern die Häußer.»

Rückkehr zum Alltag

Da sich die Lebensverhältnisse sehr rasch normalisierten und das Militär bis auf wenige Nachzügler abrückte, auch Lebensmittel wieder zu haben waren, gestalteten sich die letzten Wochen des alten Jahres 1806 erträglich.

Während Goethe an der «Fischerin», am «Elpenor» und der «Farbenlehre» arbeitete, überschlug Christiane die Summe dessen, was die Einquartierung an Kosten verursacht hatte. Es waren rund 2000 Reichsthaler und zwölf Eimer Wein! Jetzt galt es, Maß zu halten und dabei die Tage zu genießen. Denn immer noch lag im Dunkel, wie sich die politischen Geschicke wenden würden.

1807

Reisen

Das neue Jahr brachte Abwechslung für Goethe und Christiane. Am 23. März brach Christiane nach Frankfurt zur Mutter Aja auf. Gustel begleitete sie bis Erfurt.

Leider hatte Goethe neuerdings über Unpäßlichkeit zu klagen. Wie aus einer Tagebuchnotiz vom 16. April hervorgeht, stellte sich das alte Übel wieder ein. Dr. Stark hatte es als «locales Übel in den Eingeweyden» diagnostiziert. Es war daher naheliegend, daß der Kränkelnde sich der guten Heilerfolge seiner Karlsbader Kur vom Vorjahr erinnerte. Eine neuerliche Kur wurde angesetzt, und am 16. Mai 1807 verließ Goethe Weimar, um nach Karlsbad zu reisen.

Am 28. Mai nachmittags traf Goethe in Begleitung Riemers in Karlsbad ein. Da ihm die Bäder sehr gut bekamen, richtete er sich für einen längeren Aufenthalt ein. Christiane sollte ihre «Lauchstädter Tour» nach eigenem Belieben gestalten und nicht auf seine baldige Rückkehr warten. «Ich gebe dir also folgenden Rath», schrieb Goethe am 24. Juni nach Weimar, «daß Du das Haus recht gut besorgest und bestellest, Dich nach jemand Solidem umsiehst, der in Deiner Abwesenheit hereinzieht und etwa Deine Stube und Alkoven bewohnt: denn ich bitte Dich inständig, das Haus nicht etwa Augusten und den Mägden zu überlassen, weil uns daraus ein großer Verdruß zuwachsen könnte, der allen Spaß verdürbe und eine schlechte Nachcur gäbe.»

Goethe brauchte die Gewißheit, daß in Weimar alles zum besten stand. Er war mit großer Intensität an neue Arbeiten herangegangen; noch im Mai hatte er begonnen, «Wilhelm Meisters Wanderjahre» zu diktieren, und daneben beschäftigte ihn «Die neue Melusine». Trotz der geistigen Anspannung gingen seine Gedanken unaufhörlich in die Ferne zum Frauenplan. Nach Lauchstädt schrieb er Ende Juli: «Da wir so unerwartet Friede haben, der sich wohl so bald noch nicht hoffen ließ, so wollen wir auf eine zwar stille und bescheidene, aber um desto gemüthlichere Art unseres Lebens den nächsten Winter genießen. Richte Dich darauf ein, daß wir unsere alte Gastfreiheit fortsetzen können. Für hübsches Geschirr, Tafel und Theetisch auszuputzen, ist gesorgt.»

Neuigkeiten vom Frauenplan

Christiane traf am 1. August 1807 wohlbehalten in Weimar ein. Sie fand das Hauswesen in völliger Ordnung vor, was sie sogleich dem Geheimrath nach Karlsbad mitteilte. Erfreut schrieb er zurück und lud August ein, ihn für den Rest des Aufenthaltes in Karlsbad zu besuchen. «Lebe recht wohl, liebe mich und bereite mir einen geselligen Winter», so endete dieser Brief.

Die Hausfrau kam diesen Wünschen nach. Von Frau Aja aus Frankfurt waren «36 Bouteillien vor Obst einzumachen» eingetroffen, die es zu füllen galt. Auch Wein sollte angesetzt werden. Hinzu kamen die alljährlichen Arbeiten wie Krautschneiden und Schlachten.

Seit einigen Monaten hatte Christiane auch eine Hausgenossin. Die junge, liebenswürdige Caroline Ulrich ersetzte nach besten Kräften die Lücke, die der Tod von Schwester und Tante Vulpius gerissen hatte. Caroline war von immer gleichmäßigem, freundlichem Naturell. Mit ihr verstand sich nicht nur Christiane auf das beste, auch der Hausherr fand herzlichen Gefallen an der jungen Frau. In seiner altväterlichen Art machte er Caroline sogar ein wenig den Hof. Und sie quittierte es ehrerbietig und mit leichtem Erröten auf den frischen Wangen.

Am 11. September war Goethe wieder in Weimar. Der Rest des Jahres 1807 verlief ruhig und harmonisch. Wie er gewünscht hatte, konnte Goethe sich der Behaglichkeit seines Heimes recht erfreuen. Und mit ihm die vielen Gäste, die darin ein- und ausgingen.

1808

BEGLÜCKENDE VIELFALT

So kam das Jahr 1808. Zum Glück sah es Goethe und die Seinen in Gesundheit. Die 30 Flaschen Spaawasser, die Dr. Stark zur Nachkur verschrieben hatte, taten ihre Wirkung. Christiane pflegte ihren Geheimrath nach Kräften, damit der erfreuliche Zustand erhalten bleibe.

In dieser Zeit nahm die Arbeit an dem dramatischen Festspiel «Pandora» Goethe sehr in Anspruch. Er zog sich in das stille Jenaer Schloß zurück. Die beglückende Vielfalt seines Denkens und Wirkens kam in den kleinen Episteln zum Ausdruck, die er mit seiner Frau wechselte. Einer Sendung Pflanzen heftete er die Zeilen an: «Einige sehr kleine Sellerie-Pflanzen werden Dich überzeugen, daß diese Art unter acht Tagen noch nicht brauchbar ist.»

Liebevolle Fürsorge, immerwährendes Denken und Trachten für die Seinen zeigt sich in den winzigsten Alltäglichkeiten.

TOD DER MUTTER

Vom 12. Mai bis 14. September erholt Goethe sich in Karlsbad. Bei seiner Rückkehr nach Weimar, am 17. September, erwartet ihn eine traurige Nachricht:

die gute Mutter war ganz unerwartet aus dem Leben geschieden. In ihrem letzten Brief hatte sie dem Sohn noch geschrieben: «Die Hitze ist heut starck – gescheides kan ich vor heute nichts zusammen bringen – darum verzeihen Sie die kürtze – einandermal mehr von Ihrer treuen Mutter Goethe.»

Nun sollte es kein «anderes Mal» mehr geben. Der Tod hatte die treueste Mutter jäh hinweggerafft.

August, der die Großmutter über alles geliebt hatte, erfuhr die Nachricht durch Christianes Bruder. Vulpius schrieb nach Heidelberg, wo August studierte: «Das Haus war mit Kränzen, Guirlanden, Teppichen behangen, mit Orangeriebäumen besetzt und die Fußboden mit Blumen bestreut. Nach Tisch mußte es Deinem Vater gesagt werden. Er war ganz hin. – Vater und Mutter gehen in tiefster Trauer; Deine Mutter reiset, wenn entsiegelt wird, persönlich nach Frankfurt.»

Neue Aufgaben für Christiane

Da Goethe nicht zu bewegen war, nach Frankfurt zu reisen, mußte Christiane sich aufraffen. Er übertrug ihr die Regelung des Nachlasses an seiner Stelle. Wieder bewies sie Umsicht und Gutherzigkeit. Denn nach dem Zeugnis ihrer Schwägerin, Henriette Schlossers, «betrug Christiane sich liberal und schön bei der Teilung, bei der sie sich doch gewiß verraten hätte, wenn Unreines in ihr gewesen wäre».

Christiane und Caroline Ulrich waren vom 3. Oktober bis 22. November in Frankfurt. In dieser Zeit traf Goethe in Erfurt mit Napoleon zusammen. Darüber schrieb er nach Frankfurt: «Ich habe dem Kaiser aufgewartet, der sich auf die gnädigste Weise lange mit mir unterhielt.» Im übrigen hatte er den Einfall, eine Wohnung in Frankfurt zu erwerben – für gelegentliche Aufenhalte. «Es könnte nichts schaden, wenn man ein klein Quartier, auf der Bokkenheimer Gasse oder unter der Allee, nicht weit vom Schauspielhaus nähme und es meublierte. Man muß auf allerlei denken. Du hättest einen angenehmen Aufenthalt eine Zeit des Jahres, wir wären eine Zeit lang zusammen.»

Da sich aber wegen der Erwerbung des Bürgerrechts für Frankfurt so viele unerwartete Schwierigkeiten in den Weg stellten, wurde dieser Plan wieder aufgegeben.

Aus den reichen Vorräten der Mutter schickte Christiane vieles nach Weimar. Am 31. Oktober bestätigte der Hausherr den Empfang von Kastanien und am 7. November eine weitere Sendung von Kastanien und Eingewecktem. Die schönen Möbel und der sonstige Hausrat kamen mit der Extrapost.

Am 25. November konnte der Hausherr an Knebel schreiben: «Meine Frau ist von Frankfurt zurückgekommen, wo sie mir die Liebe erzeigt hat, die Erbschaftsangelegenheiten nach dem Tode meiner guten Mutter auf eine glatte und noble Weise abzuthun.» Auch hatte Christiane sich auf der Rückreise im Hauswesen des Sohnes in Heidelberg umgesehen. Goethe schrieb darüber an den Sohn: «Dadurch, daß Deine liebe Mutter Dich in Frankfurt gesehen und nachher in Heidelberg besucht hat, fühle ich mich beinahe ebenso, als wenn wir selbst wieder zusammen gewesen wären... Von der Reinlichkeit Deiner Wohnung, von Deinen Vögeln, Deiner Aufwartung und was Dich sonst betrifft, haben mir die Mutter und Carolinchen gar Erfreuliches erzählt.»

Es war die Zeit, in der Goethe «Pandorens Wiederkunft» ausarbeitete und den geschichtlichen Teil der «Farbenlehre» beendete.

Nachlass der Mutter

Durch die ererbten, zum Teil sehr wertvollen Möbel aus dem Nachlaß der Mutter, wurden einige Räume im Goetheschen Hause wesentlich vervollkommnet. Eine Barockkommode fand ihren Platz im Deckenzimmer, ebenfalls ein großer Tisch. Ein Gemälde von Heinrich Tischbein dem Älteren, «Liebesszene, Herakles bei Omphale», wurde im großen Sammlungszimmer aufgehängt. Im Gelben Saal kamen einige Majoliken zu den schon vorhandenen, im Schränkchen über dem Kamin. Vermutlich stammt auch ein Spiegel mit eisernem, in Gold und Silber tuschiertem Rahmen, aus dem Erbe. Es handelt sich um eine venezianische Metalleinlegearbeit aus der 2. Hälfte des 16. Jahrhunderts. Er fand seinen Platz an der Fensterwand im Deckenzimmer, ein schöner Kontrast zu den übrigen Kostbarkeiten: dem Verkündigungsengel in Kopie nach Guido Reni, dem männlichen Rückenakt, einem Farbholzschnitt nach Francesco Mazzola, und der Rembrandt-Kopie «Joseph erzählt seine Träume». Selbst in die Küche wanderte manches Stück aus dem mütterlichen Haushalt. So ein Waffeleisen in Rautenform, in dem die Haseneier, ein beliebtes Gebäck, in den Ofen kamen. Auch ein Bratenwender, der mit einer Feder zum Aufziehen selbsttätig den Braten regelmäßig wendete.

Viel Besuch

Da August zu Weihnachten 1808 in Heidelberg blieb, schickte die Mutter ihm ein Kistchen mit «Christkram». Dazu schrieb sie: «Endlich nach aller Noth und Qualen, die ich gehabt habe, theils wegen fremder Besuche, theils Besuche, die ich habe machen müssen, komme ich daran Dir endlich heute Dein Kistchen zu packen. Denke Dir, wer alles bei uns ist; ein Herr von Kügelgen, der Deinen Vater malt, der Doktor Meyer, Herr von Humboldt, Werner, Arnim und noch mehrere Fremde. Dazu habe ich müssen 18 vornehmen Damen Visiten machen. Wir hatten einen Thee von 30 Personen, alle Damen die Du kennst, Frau von Wolzogen, Stein, Schiller und mehrere.»

1809

Der alte Wacholderbaum

Das Jahr 1809 sollte wieder unruhige Episoden bringen. Im Februar kamen westfälische Truppen zur Einquartierung nach Weimar. Es gab Durchmärsche und mancherlei Belastungen, wie sie eine solche Zeit mit sich bringt.

Ein Ereignis beschäftigte Goethe indessen mehr als die Zeitläufte. Unter der Einwirkung eines mächtigen Sturmes war in der Nacht zum 30. Januar 1809 der alte Wacholderbaum im Garten am Stern umgestürzt und zerbrochen liegengeblieben. Dieses Unglück erschütterte Goethe sehr. Gleich nachdem sich das Wetter beruhigt hatte, ging er mit Christiane, Caroline und dem Naturforscher Lorenz Oken in den Garten, um den Baum zu sehen. Viele Jahre hatte er seine Zweige schützend über des Dichters Gartenleben gebreitet. Jetzt war er zum Sterben verdammt.

Zur Erinnerung ließ Goethe eine Zeichnung des Baumes anfertigen, die in der Herzoglichen Bibliothek aufgehoben wurde. Alles gesunde Holz ließ er sorgfältig ausschneiden. Wacholderholz war eine Rarität, und August sollte Möbel daraus haben. Engere Freunde Goethes, wie der Anatom Johann Friedrich Blumenbach in Göttingen, erhielten Dosen und Kästchen aus Wacholderholz. Goethe meinte mit Recht: «Wacholderholz ist zu keinem Preise wieder zu haben!»

Die Maße des Baumes waren bemerkenswert. Die Höhe 43 Fuß, der Durchmesser an der Erde 17 Zoll, jeder Ast 11 Zoll bis zu den Spitzen, die sich verjüngten.

Da Wipfel und Zweige noch grünten, hätte der alte Baum noch lange im Garten stehen können.

Wahlverwandtschaften

Im Frühling 1809 trieb es Goethe, sich ganz in den Roman zu vertiefen, der ihm wie kein anderer am Herzen lag: die Wahlverwandtschaften. Er zog wieder in das stille Jenaer Schloß, wo für ihn allein Besinnung möglich war. Und da Goethe den Roman hier zu vollenden gedachte, richtete er sich auf mehrere Wochen ein. Es war Ende April noch kühl; Goethe ließ seine Räume, auch das mineralogische Kabinett, heizen. Für Christiane, die fleißig bei der Gartenarbeit war, schickte er einen Kasten mit Äpfeln und mehreren Pflanzen. Sie sollten in Rabatten verteilt und an Stäbchen gebunden werden. Auch

Samen ging nach Weimar, der gleich an schattiger Stelle zur Aussaat kam.

Etwas zerstreut wegen der großen Arbeit, die er vorhatte, war der Hausherr von Weimar fortgereist. Nun wünschte er, daß einige Sachen nachgeschickt würden: aus dem Aktenschrank im Schlafzimmer ein Paket in Folio «Osteologica», aus der Bibliothek zwei Bücher in Quart, in grüne Pappe gebunden, «Über Gebirgskunst», ein Lineal vom Schreibtisch. «Diese Dinge», bat Goethe, «wünschte ich, gut verpackt, mit dem Boten zu erhalten.»

Kaum war die Sendung fort, wünschte er die Badewanne, die man dem Boten mitgeben sollte, «da ich denn doch mich auch von Zeit zu Zeit im Wasser erfrischen will». Auch die Wanne ging also auf die Reise, und beglückt trug Goethe am 6. August ins Tagebuch ein: «Zum erstenmal gebadet!» Ein Vorgang, der sich in Zukunft oft wiederholte und ihm vorzüglich bekam.

Am 15. September konnte Goethe seiner «lieben Kleinen» eine Freude eigener Art bereiten. Er schickte ihr den Teil I der Wahlverwandtschaften mit einem Briefchen: «Sodann schicke ich ein Bändchen, aber nur unter den folgenden Bedingungen: 1. Daß ihr es bei verschlossenen Thüren leset. 2. Daß es niemand erfährt, daß ihrs gelesen habt. 3. Daß ich es künftigen Mittwoch wiedererhalte. 4. Daß mir alsdann zugleich etwas geschrieben werde von dem, was unter euch beim Lesen vorgegangen.» Im übrigen bat der Geheime Rath, ihm eine «leidliche Winterexistenz» vorzubereiten.

Die «Frauen», Christiane und Caroline, machten sich sogleich ans Lesen, das ihnen viel Freude bereitete und sie zu einem frohen Antwortbrief ermunterte. Er ist nicht erhalten, wohl aber Goethes Entgegnung darauf: «Weil ihr euch über den ersten Theil des Romanes so freundlich geäußert habt, so soll die Hälfte des zweiten bis an einen Abschnitt die nächste Woche unter eben den Bedingungen zu euch gelangen.»

So lag also dem großen Manne an dem Urteil seiner kleinen, unbedeutenden Frau mehr, als man ihr damals zubilligen mochte. Christiane hatte sich im Laufe der Gemeinschaft mit Goethe unmerklich gebildet. Der Verkehr mit ihm und anderen geistreichen Menschen seines Kreises hatte sie veredelt und erhoben. So durfte denn auf bedeutsame Weise für sie gelten, was der Dichter in seinem Tagebuch ein paar Monate später aufzeichnete:

> Wir stolpern wohl auf unsrer Lebensreise,
> Und doch vermögen in der Welt, der tollen,
> Zwei Hebel viel aufs irdische Getriebe:
> Sehr viel die Pflicht, unendlich mehr die Liebe.

Die Lustigen von Weimar

Christiane vertrieb sich gerne die Zeit in lustiger Gesellschaft im Garten, der in Maienpracht stand. Hierher lud sie ihre «Schätzchen» und «Koseweiber» ein, denn Christiane liebte wie Goethe die Geselligkeit. Und in dem kleinen Weimar war genügend Gelegenheit, sich zu erfreuen.

In seinem Gedicht «Die Lustigen von Weimar» hat Goethe ein lebhaftes Bild des Weimarer Gesellschaftslebens entworfen:

> Donnerstag nach Belvedere,
> Freitag gehts nach Jena fort:
> Denn das ist, bei meiner Ehre,
> Doch ein allerliebster Ort!

Samstag ists, worauf wir zielen,
Sonntag rutscht man auf das Land;
Zwätzen, Burgau, Schneidemühlen
Sind uns alle wohlbekannt.

Montag reizet uns die Bühne;
Dienstag schleicht dann auch herbei,
Doch er bringt zu stiller Sühne
Ein Rapuschchen frank und frei.
Mittwoch fehlt es nicht an Rührung,
Denn es gibt ein gutes Stück;
Donnerstag lenkt die Verführung
Uns nach Belveder' zurück.

Und es schlingt ununterbrochen
Immer sich der Freudenkreis
Durch die zweiundfunfzig Wochen,
Wenn mans recht zu führen weiß.

Spiel und Tanz, Gespräch, Theater,
Sie erfrischen unser Blut;
Laßt den Wienern ihren Prater;
Weimar, Jena, da ists gut!

Goethe als Gärtner

Mehr denn je bekümmerte Goethe sich jetzt um die Ausgestaltung der Gärten. Von Jena aus schrieb er an Christiane: «Auch ist meine alte und neue Gesinnung, den untern Garten für uns und besonders für August zu erhalten.»

Vor allem liebte es der Dichter, frei in der Natur zu experimentieren. So schickte er Christiane in diesem Frühjahr vierundzwanzig Diptampflanzen, eine Art Waldstaude, die sehr reich an ätherischen Ölen ist. «Laß sie gleich im Garten herum setzen, wo sie noch anzubringen sind», ordnete er an, «denn Deine Rabatten sind wohl schon voll genug. Alles

Neugepflanzte muß bei der jetzigen Witterung fleißig begossen werden.»

Weilte Goethe in Jena, so hielt er sich fast täglich in seinem dortigen Garten, ebenso oft aber auch im Botanischen Garten auf. Immer wieder drängte es ihn, zu ergründen, wie südliche Pflanzen und Gewächse sich weiter nördlich im Freiland entwickeln. So konnte Christiane am 7. September dieses Jahres die ersten Feigen ernten. Sie schickte die kostbaren Früchte gleich nach Jena. Allerdings war sie etwas vorwitzig mit der Ernte gewesen, denn Goethe grollte ein wenig: «Die Feigen, die Du mir schicktest, waren zum Theil noch nicht völlig reif. Laß sie immer noch einen oder ein paar Botentage hängen, bis sie recht braun werden.»

Gustel kommt nach Jena

Wie sich herausstellte, konnte August das Heidelberger Klima nicht vertragen. Auch sein Studium der Rechtswissenschaften litt darunter. Als der Sohn in den Semesterferien nach Hause kam, wurde Familienrat gehalten. Goethe, der am 7. Oktober von Jena nach Weimar zurückkam, gab in dieser wichtigen Entscheidung den Ausschlag: Gustel sollte in Zukunft die Universität Jena beziehen.

Über die Änderung war niemand froher als Christiane. Sie hatte den Sohn schmerzlich vermißt. Denn Goethe fand auch jetzt wenig Zeit für sie: er beendete gerade seine Ballade «Johanna Sebus», und die Vorbereitung zur Drucklegung der «Wahlverwandtschaften» hatte ihn über Gebühr in Anspruch genommen.

1810

Freiwillige Hauscapelle

Das erste Vierteljahr des Jahres 1810 sah Goethe ständig in Weimar. Öfter als bisher trug er in sein Tagebuch ein: «Mittag unter uns. Abends bei den Frauenzimmern.» Der Hausgenosse Riemer schrieb hierüber an Goethes Freund, den Buchhändler Frommann in Jena: «Er mag und kann nicht an den Hofvisiten Theil nehmen, und so geht er auch an keinen andern Ort, und sieht auch weniger Leute bey sich, die ihn oft ungestüm überlaufen.»

In diesem Jahr wurden die regelmäßigen Übungen der «freiwilligen Hauscapelle» fortgesetzt, die seit 1807 in Goethes Musikzimmer stattfanden. Die Leitung hatte der Musiker und Komponist Franz Karl Adalbert Eberwein. In kleinerem Kreis wurde jeden Donnerstag Abend geprobt. Die Aufführung erfolgte am Sonntagvormittag vor größerer Gesellschaft. Im Programm standen mehrstimmige Lieder wie auch Chöre von Zelter oder italienischen Meistern. War Goethe abwesend, wünschte er doch, daß die Übungen ihren Fortgang nähmen. Christiane mußte für deren ununterbrochenen Ablauf sorgen.

Warenaustausch Weimar–Jena

Am 12. März 1810 reiste Goethe auf mehrere Monate nach Jena. Es gab einen tränenreichen Abschied, aber mancherlei Wünsche und Pläne für die Häuslichkeit halfen Christiane über den Kummer hinweg.

Es setzte bald ein reger Botenverkehr zwischen Weimar und Jena ein. Als erstes langten in Weimar zwei Schränkchen aus Pappelholz an, die Goethe für Christianes Wohnzimmer bei einem Jenaer Tischler hatte anfertigen lassen. Denn wie er bemerkte, «arbeiten die hiesigen Tischler ungleich besser und wohlfeiler als die Weimarischen».

Auch August beteiligte sich am Austausch. Er schickte einen Hecht nach Weimar. Der Vater meinte dazu: «Der Hecht, den Dir August gesendet hat, ist gewiß gut empfangen worden. Wenn ihr uns auch etwas Schmackhaftes dagegen schickt, so soll gelegentlich wieder ein Fisch folgen; sonst gewöhnen wir uns an, sie selbst zu essen.»

Christiane revanchierte sich sogleich: Ein Korb mit Hausmacherwürsten und anderen Eßwaren ging nach Jena. Gustel ließ die gute Mutter sogleich wissen, daß ihm besonders die drei Lungenstrudel gut gemundet hätten.

An weiteren Leckereien erbat Goethe von seiner Frau «Froschkeulchen», mit der Versicherung, die zuvor übersandten seien ganz vortrefflich gewesen.

Als Gegengabe bekam Christiane ein niedliches Hütchen, das Frau von Knebel nach eigenem Muster hatte anfertigen lassen. «Schicke mir ja von Zeit zu Zeit etwas Genießbares», mahnte der Hausherr zwischendurch, «denn unser Tisch ist sehr schlecht.» Er hatte «vier, fünf Tage bloß von Cervelatwurst, Brot und rothem Wein gelebt... Ich bitte Dich also aufs allerinständigste, mir mit jedem Boten-Tage etwas Gutes, Gebratenes, einen Schöpsenbraten, einen Kapaun, ja einen Truthahn zu schicken, es mag kosten, was es will, damit wir nur zum Frühstück, zum Abendessen, und wenn es zu Mittag gar zu schlecht ist, irgend etwas haben, was sich nicht vom Schwein herschreibt. Ich mag Dir nicht sagen, wie verdrießlich und ärgerlich ich die Zeit her gewesen bin, wenn ich mit einem übertriebenen und ganz unschicklichen Aufwand entweder hungern oder etwas genießen mußte, was mir offenbar schädlich war.»

Für den Garten traf ein Kasten köstlicher gefüllter Federnelken ein. Christiane sollte sie nicht zu nahe aneinander pflanzen, da sie sich sehr «bestockten». Auch Rapontica-Samen lag bei, von dem eine Hälfte auf ein «wohlbestelltes Ländchen» gesät werden sollte, «der Rest jedoch erst im Mai auf ein anderes Fleckchen».

REISEVORBEREITUNGEN

Es galt noch allerlei zu besorgen vor Goethes Abreise nach Karlsbad. Auch in diesem Jahr wollte er dort Kur halten. Einmal mußten Reisepässe auf der Polizei ausgestellt werden. Dann war die Garderobe zu vervollständigen. «Nun laß mir vor allen Dingen noch einen blauen Überrock, ein Paar schwarze Hosen und ein Paar Stiefeln machen», gab er am 29. April an. «Diese soll aber der Schuster ja nicht enger machen als die letzten, wegen der warmen Strümpfe.»

Da Christiane ganz sicher gehen wollte, forderte sie von Jena einen der bequemen Stiefel an. Er traf auch umgehend ein. Mit einiger Mühe wurde alles pünktlich fertig, so daß sich die Hausfrau am 12. Mai 1810 selbst gen Jena aufmachen konnte. Bis zum 15. Mai abends waren die Gatten zusammen. Doch war Christiane sehr gedrückt, wenn sie an die vielmonatige Trennung dachte.

Am 16. Mai gegen 8 Uhr früh rollte Goethes Kalesche nach Karlsbad ab. Dort angekommen, packte er gleich drei große Kisten mit 57 Flaschen

Egerwasser für die «Frauenzimmer» zum Kurgebrauch, eine Aufmerksamkeit, die sie hoch erfreute.

Neuigkeiten aus Weimar

Christiane schrieb, daß schönes, fruchtbares Wetter sei. «Ich bin jetzt dabei, Krautland und Garten, alles zupflanzen zu lassen, um, wenn Du wieder zurückkömmst, Dir meine schöne Ernte von allem zeigen zu können.»

Neben Gurkenlegen und Kartoffelzucht vertrieb sie sich auch auf kurzweilige Art die Zeit: sie und der «hübsche Sekretär» Caroline nahmen Tanzstunde! Es wurden eifrig Française, Bolero, Triolet, Monteviva und Birgotine geübt, auch die anmutigen Schritte der Ecossaise.

Wieder war Einquartierung im Hause am Frauenplan. «Wir haben nämlich seit drei Tagen starke Einquartierung», berichtete Christiane, «so daß ich den einen Tag acht Mann bekommen habe. Ich hatte mir nämlich Gemeine ausgebeten, und wir sind deßhalb nicht wieder ins Schießhaus gekommen. Übrigens bin ich mit den Leuten sehr zufrieden.» Als Hausvater an Goethes Statt fungierte der Schauspieler Friedrich Haide, den Christiane um seinen Beistand gebeten hatte, damit ein Mann im Hause sei.

Daß sie mit ihrem Haushaltsgeld knapp sei, verriet Christiane am 25. Juni 1810. Und sie erklärte auch den Grund: «Ich habe alles, was von Schuhmacher-Rechnungen hier für Dich und August war, beinah bezahlen müssen. Dann gab es auch einige Reparaturen im Haus; auch habe ich für den künftigen Winter meine Butter angeschafft, Essig zum einmachen und dergleichen. Und das, was für August und mich zu den Feierlichkeiten nöthig war, kostet auch was. Ich habe mich so eingerichtet, daß ich wohl 6 bis 8 Wochen mit dem, was ich habe, reiche und meine Lauchstädter Ausgaben davon zu bestreiten gedenke. Auch kostet mich die Einquartierung bestimmt zwanzig Thaler; doch wenn wir sie auswärts hätten, kostete es wohl viermal zwanzig... Nun also wegen des Geldes. Wenn ich Ende August wieder zurückkomme, so habe ich freilich gar keins, und in Lauchstädt ist es doch auch ängstlich, wenn man zuletzt gar kein Geld mehr hat. So dachte ich so, daß Du mir vielleicht ein Papierchen zu 100 Thalern hinschicktest, nur eine Anweisung an Frege; ich verspreche, es nicht auszugeben, als bis ich es in Weimar nothwendig brauche. Die Haushaltung geht freilich immer fort und kann niemals still stehen, weil man immer für die Zukunft sorgen muß.»

Neben dieser etwas heiklen Botschaft gab es auch wieder Angenehmeres für den Hausherrn: Das große Zimmer war gemalt worden und sehr schön ausgefallen. «Jetzt bin ich daran, die Möbel in Ordnung zu bringen, und lasse alle Thüren und Einfassungen im Zimmer wieder bohnern. Auch werden alle Öfen umgesetzt und der Kochofen ganz neu reparirt, damit, wenn Du wiederkommst, alles in größter Ordnung ist.»

Goethe war denn auch gar nicht verstimmt; er schrieb vielmehr bereitwillig: «Ich lege Dir ein Blättchen an den Cassir bei, er wird ja wohl dieß Jahr genugsamen Überschuß haben, Dir das Wenige auszuzahlen.»

Die Köchin wird beschenkt

Am 5. Juli verließ Christiane mit Caroline Ulrich das Hauswesen, um erneut zur Kur nach Lauchstädt zu gehen. Von dort konnte sie dem Gatten nach kurzer Zeit melden, daß ihr Brunnen und Bäder gut bekämen. Die Schwäche, unter der sie viel zu leiden hatte, schien sich zu verlieren. Unter manch Interessantem vergaß sie doch nicht, Goethe an den Geburtstag der langjährigen Köchin Ate zu erinnern. «Wenn sich vielleicht eine Gelegenheit fände, wo Du mir etwas für sie schicken könntest», meinte sie vorsorglich, «oder bringe ihr eine Kleinigkeit mit, vielleicht etwas an die Ohren zu hängen oder sonst eine Kleinigkeit. Sie ist zu ihrem Geburtstag verreist gewesen.»

Offensichtlich war es bei dem Mangel an Dienstboten schon damals empfehlenswert, solche Ehrentage nicht zu vergessen. Also bekam Ate ihr kleines Präsent!

Ein «Schwänchen» vom Geheimrath

Am 11. August 1810 kehrte Christiane frisch und erholt nach Weimar zurück. Dort erwartete sie gleich ein «Schwänchen» vom Gatten, nämlich ein schönes Geschenk: ein Shawl mit Bordüren, ein Tüchelchen für Caroline, den «Secretarius», ein Päckchen für Gustel nebst einem Korb voller Trüffeln und anderen Pilzen, samt hundert Stopfnadeln verschiedener Stärke. Dazu schrieb der sorgende Gatte, der die kleinen Freuden seiner Frauenzimmer ebenso kannte wie billigte: «Gedenket meiner bei einer Tasse Chocolade, und wenn im Theater ein Pfefferminzkügelchen genommen wird», eine Bitte, der Christiane wie Caroline sicher gern nachkam.

Glückhafte Rückkehr

Am 2. Oktober kehrte Goethe – von Teplitz kommend – in sein Heim zurück. Als besonderes Ergebnis dieser Reise brachte er zweiundzwanzig Landschaftszeichnungen mit. Sie sollten sein letzter Versuch in der Malkunst bleiben; Goethe legte danach endgültig seinen Zeichenstift aus der Hand.

Das Haus am Frauenplan zeigte sich schöner denn je. Der bronzene Stier, den Goethe durch Knebels Vermittlung erworben hatte, ein Kunstwerk aus dem 16. Jahrhundert, war im «gewölbten Zimmer» aufgestellt worden, wo er Goethe erfreute. Christianes Wohnzimmer hatte durch neue Möbel an Behaglichkeit gewonnen, und August beglückte den Vater mit der neu geordneten Steinsammlung.

Der «Dämmerfürst», wie die Eltern oft scherzhaft den in sich gekehrten Sohn nannten, machte ihnen auch sonst viel Freude. Er war verständig und fleißig. Als besonderes Zeichen der Sympathie, die er bei Hofe genoß, konnte August am 15. Oktober 1810 sein Dekret zum Kammerassessor in Empfang nehmen, eine Ernennung, die Goethe gewiß weniger wegen des Titels als wegen der damit verbundenen Ehre mit Genugtuung erfüllte.

Vom 9. bis 21. Januar weilte Goethe mit August in Jena, wo ihn der Maler Karl Joseph Raabe porträtierte. Ein Silhouetteur versuchte sich an seinem Profil. Das Ergebnis war so treffend, daß Christiane am 16. Januar berichtete: «Zuerst müssen wir Dir melden, wie sehr uns die schöne und ähnliche Silhouette erfreut hat; es gefällt mir besser als alle Gemälde von Dir, weil es so sehr ähnlich ist. Und wenn es möglich ist, so bitten wir noch um zwei

Silhouetten von Dir, denn eine ist für mich und eine für die Ulrich, nun wünscht aber auch Ate und noch jemand eine.»

In der Küche wurde indessen in emsiger Arbeit ein ganzes Wildschwein zugerichtet. Der Hausherr hatte es aus Hummelshain besorgt. Zum Dank dafür bekam Goethe den «Wilden Schweinskopf» gekocht übersandt. Vom Hausschatz lag ein Briefchen bei: «Den Schweinskopf betreffend. Der Kopf liegt in der Schachtel, die Sauce, in welche der Kopf gleich gelegt werden muß, und so lange bis er aufgegangen ist, muß er drinnen liegen bleiben; die Senf-Sauce, welche dazu gemacht wird, sagte der Mundkoch Weise, sollst Du nur gleich bei dem Mundkoch Steinert bestellen lassen, dieser wisse schon, wie er sie machen sollte. Wir hätten sie hier machen lassen, er sagte aber: es wäre besser, wenn sie gleich auf der Stelle gemacht würde.»

Zwei Tage später konnte Christiane der Botenfrau schon allerlei von ihrer Hausschlachtung mitgeben: 2 Leberwürste, 1 Blutwurst und 1 kleines Preßköpfchen für Goethe und den «Juvenil», der sich zusammen mit dem Vater wacker an den guten Gaben labte. Goethe schrieb postwendend: «Die schönen Würste haben ein gar gutes Ansehen, und so ist alles in der besten Ordnung.»

1811

Die neue Eingabe

Am 21. Januar kehrte Goethe heim. Mehr als zuvor ließ er Christiane an seinem Schaffen teilnehmen: Sie und Caroline Ulrich hörten die ersten Teile von

«Dichtung und Wahrheit». Er las sie ihnen unmittelbar aus der Handschrift vor.

Leider gab es wieder einmal Dienstbotenärger: Goethe mußte sich wegen unbotmäßigen Verhaltens seiner Köchin an die Behörde wenden. So setzte er denn folgendes Schreiben an das Herzoglich Weimarische Polizeicollegium zu Weimar auf:

«Nach der älteren, erst vor kurzem unter dem 26. Februar erneuerten Polizeyordnung, welche den Herrschaften zur Pflicht macht, die Dienstboten nicht blos mit allgemeinen und unbedeutenden Attestaten zu entlassen, sondern darin in gewissenhaft ihr Gutes und ihre Mängel auseinanderzusetzen, habe ich der Charlotte Hoyer, welche als Köchin bey mir in Diensten gestanden, als einer der boshaftesten und incorrigibelsten Personen, die mir je vorgekommen, ein, wie die Beylage aufweist, freylich nicht sehr empfehlendes Zeugniß bey ihrem Abschiede eingehändigt.

Dieselbe hat sogleich ihre Tücke und Bosheit noch dadurch im Übermaß bewiesen, daß sie das Blatt, worauf auch ihrer ersten Herrschaft Zeugniß gestanden, zerrissen und die Fetzen davon im Hause herumgestreut; welche zum unmittelbaren Beweis gleichfalls hier angefügt sind.

Ein solches gegen die Gesetze wie gegen die Herrschaften gleich respectwidriges Benehmen, wodurch die Absichten eines hohen Polizeycollegii sowohl, als der gute Wille der Einzelnen den vorhandenen Gesetzen und Anordnungen nachzukommen, fruchtlos gemacht werden, habe nicht verfehlen wollen, sogleich hiermit schuldigst anzuzeigen und die Ahndung einer solchen Verwegenheit einsichtsvollem Ermessen anheim zu geben; wobey ich noch zu erwähnen für nöthig erachte, daß es die Absicht gedachter Hoyer war, in die Dienste des hiesigen Hofschauspielers Wolff einzutreten.

März 1811
Beilage
Charlotte Hoyer hat zwey Jahre in meinem Hause gedient. Für eine Köchin kann sie gelten, und ist zu Zeiten folgsam, höflich, sogar einschmeichelnd. Allein durch die Ungleichheit ihres Betragens hat sie sich zuletzt ganz unerträglich gemacht. Gewöhnlich beliebt es ihr nur nach eigenem Willen zu handeln und zu kochen; sie zeigt sich widerspenstig, zudringlich, grob und sucht diejenigen, die ihr zu befehlen haben, auf alle Weise zu ermüden. Unruhig und tückisch verhetzt sie ihre Mitdienenden und macht ihnen, wenn sie nicht mit ihr halten, das Leben sauer. Außer andern verwandten Untugenden hat sie noch die, daß sie an den Thüren horcht. Welches alles man, nach der erneuten Polizeyordnung, hiermit ohne Rückhalt bezeugen wollen.»

Goethes Groll gegen widerspenstige Dienstboten ist nur zu verständlich. Allerdings liest man ein solches Zeugnis nicht ohne leises Unbehagen. Dem Hang zu unbedingter Wahrheitsliebe und Gerechtigkeit folgend, erwähnt er sowohl Vorteile wie schlechte Seiten, jedoch in einer Dosierung, die ein solches Dokument für den Inhaber nahezu wertlos macht. Kaum einer Herrschaft wird noch eingefallen sein, ein Personal einzustellen, das über die Untugenden der Hoyer verfügte.

Es war vermutlich Christianes ausgleichendem Naturell zu danken, wenn es im allgemeinen mit dem Personal im Hause leidlich ging. Kam es aber zum großen Streit, so schaltete sich der Hausherr ein.

Die volle Schale seines Zornes ergoß sich dann über den Unbotmäßigen und entsprechende Eingaben erreichten die Obrigkeit.

Aufenthalt in Karlsbad

Im Mai 1811 hatte Goethe das 5. Buch von «Dichtung und Wahrheit» beendet. Hastig rüstete man am Frauenplan danach zur Reise. Dieses Jahr wollte der Geheimrath mit Frau und Gesellschafterin gemeinsam nach Karlsbad zur Kur gehen. Dort waren die drei vom 29. Mai bis zum 28. Juni in großer Harmonie und lebhaftem gesellschaftlichem Verkehr beisammen. Das besagen auch Goethes «Tag- und Jahreshefte»: «In Gesellschaft von lebenslustigen Freunden und Freundinnen übergab ich mich einer tagverzehrenden Zerstreuung. Die herkömmlichen Promenaden zu Fuß und Wagen gaben Raum genug, sich nach allen Seiten zu bewegen; die näheren sowohl, als die entferntesten Lustorte wurden besucht.»

Am 21. Juni verzeichnet das Tagebuch ein neues Beispiel für Goethes hausväterische Sparsamkeit: «Früh gegen 6 Uhr ausgefahren, nach Schlaggenwald. Die Werke besehen. Im Roten Ochsen zu Mittag. Händel mit dem Wirt wegen übertriebener Forderung.» Und am 22. Juni: «Promemoria wegen des Wirts in Schlaggenwald und Vorschlag an den Kreishauptmann.»

Nach eben diesem «Promemoria» war aber der Hergang folgender gewesen:

«Gestern, als am 21. dieses, fuhr ich mit den Meinigen nach Schlackenwalde. Es waren unser vier, wir kehrten zum rothen Ochsen ein, und genossen, nachdem wir die Werke besehen, ein Mittagessen, mit dessen Detail ich weder beschwerlich seyn, noch dessen Werth allzusehr herabsetzen will. Genug, man that ihm sehr viel Ehre an, wenn man den Preis desselben dem der Picknicks auf dem Posthofe gleichstellen und die Person auf 9 bis 10 Gulden anschlagen möchte. Der Wirth jedoch verlangte 66 Gulden und für den Kutscher 10 Gulden, zusammen also 76 Gulden. Ich verweigerte die Zahlung und äußerte, daß ich diesen Vorfall des Herrn Kreishauptmanns Hochwohlgebornen anzeigen würde; welches hierdurch, mit Beylage der 76 Gulden, gehorsamst bewirkt wird. Es ist hiebey zu bemerken, daß nichts als das bloße Mittagessen und weder Frühstück, noch Wein, noch Caffee genossen worden. Der Kutscher erhielt für sich geringe Kost und hatte seinen Hafer bey sich.

Unterzeichneter bittet um Vergebung, wenn er mit dieser anscheinenden Kleinigkeit beschwerlich fällt. Aber es ist in diesen Tagen schon öfters zur Sprache gekommen, daß Gesellschaften, welche durch die schönen Wege, die herrlichen Naturgegenstände und das gute Wetter auswärts gelockt worden, mit Verdruß über ganz unerwartete Zechen nach Hause gekehrt, und ihre gehoffte und genossene Freude vergällt worden.

Eine hohe Behörde wird auch ohne mein Mitwirken einem solchen immer mehr um sich greifenden Übel abzuhelfen wissen. Doch füge ich einen mir ausführbar scheinenden Vorschlag hier bey, in keiner andern Absicht, als um zu zeigen, wie sehr ich wünsche, daß Carlsbad, dem ich so viel schuldig bin, bey seinem bisherigen guten Ruf von billiger Behandlung erhalten werde.

Carlsbad, 22. Juni 1811
                Johann Wolfgang von Goethe.

In einer Beilage schlug Goethe vor, man solle den Gastwirten die Verpflichtung auferlegen, mit Personen «einen bestimmten Accord zu treffen über den Preis dessen, was man von ihnen verlange».

Die Eingabe hatte Erfolg: Der Pächter «Zum roten Ochsen» wurde vom Kreishauptmann zu einer Strafe von 10 Gulden und zur Herabsetzung seiner Forderung auf 41 Gulden 20 Kreuzer verurteilt.

Goethe, den es nach Stille und intensiver Arbeit verlangte, verließ Karlsbad bereits am 28. Juni. Am 1. Juli nahm er an seinem Schreibsekretär im Jenaer Schloß den Federkiel wieder zur Hand. Das Gedicht «Groß ist die Diana der Epheser» entstand. Und dann ging er mit neuen Impulsen an die Bühnenfassung von «Romeo und Julia».

Als im September zur Weinlese Christiane und Caroline in Jena waren, durften sie als erste Goethes neue Arbeiten kennenlernen. Mehr und mehr wurde es ihm allmählich zum Bedürfnis, sich gerade den Menschen mitzuteilen, die auch seinen Alltag teilten.

1812

Begegnung mit Beethoven

Anno 1812 begab Goethe sich bereits am 30. April auf die Reise nach Karlsbad. Er war begierig, die Schlacken des Winters loszuwerden, der ihm immer allzu lang erschien. Wie im Vorjahr sollten Christiane und Caroline nachkommen. Sie trafen am 19. Juni auch ein.

Am 17. Juli fand die denkwürdige Begegnung zwischen Goethe und Beethoven in Teplitz statt, wohin Goethe inzwischen übersiedelt war. Über seinen Eindruck von Beethovens Persönlichkeit schrieb er an Christiane: «Zusammengefaßter, energischer, inniger habe ich noch keinen Künstler gesehen. Ich begreife recht gut, wie er gegen die Welt wunderlich stehn muß.» Dieses Urteil war um so bemerkenswerter, als Goethe dem Komponisten und dem Musikschaffen seiner Zeit frostig gegenüberstand. So äußerte er denn auch zu Zelter über Beethovens «leider ganz ungebändigte Persönlichkeit, die zwar gar nicht unrecht hat, wenn sie die Welt detestabel findet, aber sie freilich dadurch weder für sich noch für andere genußreicher macht».

Viel später noch gelangte eine Nachricht über Beethovens Verhältnisse an Goethe. Mit Trauer und Anteilnahme wird er trotz seiner Zwiespältigkeit vernommen haben, was Zelter 1819 schrieb: «Vorgestern habe ich Beethoven in Mödling besuchen wollen. Er wollte nach Wien, und so begegneten wir uns auf der Landstraße, stiegen aus, umarmten uns aufs herzlichste. Der Unglückliche ist so gut als taub, und ich habe kaum die Tränen verhalten können.»

Goethes Getreue

«Nicht nur Verdienst, auch Treue wahrt uns die Person», sagt Goethe in seinem «Faust». Diese Worte sind wohl auch auf seine Getreuen gemünzt: die Diener Philipp Seidel, Paul Goetze, Ludwig Geist, Carl Stadelmann, Friedrich Krause, Karl Eisfeld und Heinrich, der jahrelang im Hauswesen Christiane zur Seite stand, ehe Goethe ihn zum persönlichen Diener bestimmte.

Nicht Dienst bei Goethe, sondern Dienst an Goethe zeichnete diese Getreuen aus. Denn der Dichter war über die Maßen abhängig von den Menschen seiner Umgebung. Inspiration und Arbeitslust hingen in weitestem Sinne von ihrem Wesen und Wirken ab. Das geht aus Briefen hervor, wie dem vom November 1812: «Ich bin sehr zufrieden, mit *Heinrichen* und der Köchin; ja, der Ernst, womit wir die Sache treiben, ist eine Lust und Spaß. Um nicht aus dem Gleise zu kommen, habe ich einen Karpfen von Winzerle für mein Geld kommen lassen und die polnische Sauce gleich aus der Tasche bezahlt.»

Karl Eisfeld, einer von Goethes Dienern, heiratete nach Karlsbad und quittierte daher seinen Dienst. An seine Stelle trat besagter Heinrich. Über Karls Austritt schrieb Goethe am 17. November an Christiane: «Karl hat auf seiner Durchreise nach Karlsbad Abschied genommen, und ich habe ihm das noch zugesagte Vierteljahr ausgezahlt. Es ist mir sehr lieb, daß ein Verhältniß, das so lange gedauert und das zuletzt doch nicht mehr haltbar war, sich noch so leidlich auflöste. Ich habe ihn mit einigen Ermahnungen und Hoffnungen entlassen.»

Für Goethe mußte die Rolle eines guten Dieners gleichsam die eines Vertrauten sein. In der schönsten Weise ist dies bei seinem ersten Getreuen, *Philipp Seidel,* der Fall gewesen. Seidel wurde Goethe vom Vater in Frankfurt beigegeben, als er die Reise nach Weimar antrat. Philipp teilte mit dem jungen Dichter die Einsamkeit im Gartenhaus am Weimarer Park, der ersten dortigen Behausung. Philipp spielte den postillon d'amour zwischen Goethe und Frau von Stein, wobei er seine Schuhsohlen wahrlich nicht schonte; und aus Philipps Hand empfing Goethe die Nachricht vom Tode seiner Schwester Cornelia.

Was Goethe für Seidel empfand, der später als Rentamtmann am Weimarischen Hofe selbst zu Amt und Würden kam, hat er in einem Zeugnis niedergelegt: «Ich will ihn nicht unbedingt empfehlen, weil er der Meinige war und im edelsten Sinne mein Geschöpf ist... Lassen Sie ihn prüfen, prüfen Sie ihn selbst, ich müßte mich sehr betrügen, wenn Sie in dieser Klasse Menschen einen Gleichen fänden.»

Nicht minder treu ist *Paul Goetze,* Seidels Nachfolger, gewesen. Unbeirrt stand er in Kriegstagen an der Seite seines Herrn; wie bei der Belagerung von Mainz, in der Campagne; während der häufigen Krankheiten Goethes pflegte er den Herrn so aufopfernd, daß Frau Aja ihn von Frankfurt her ausdrücklich dafür lobte. Auch ihm hat Goethe zu einer annehmbaren Stellung verholfen, und zwar in der Leitung der Weimarischen Wegebaukommission. Noch 1831, ein halbes Jahr vor seinem Tode, wandte Goethe sich bittend an Goetze, den «werthen Alten», um schöne Kiesel für den Ruheplatz im Garten am Stern. Und sie wurden sogleich besorgt.

Zu den getreuen Faktoten gehörte auch *Ludwig Geist,* der 1795 Goetze ersetzte. Er hatte eine umfassendere Position, war er doch zugleich Diener und Schreiber, half im Hause mit und lenkte wohl gelegentlich anstelle des Kutschers die Pferde der Goetheschen Kalesche. An Diskretion und Ehrenhaftigkeit stand er seinen Vorgängern nicht nach, so daß Goethe ihn mit Überzeugung in fürstliche Dienste entlassen konnte: Geist brachte es zum Revisor der fürstlichen Kassen. An Zelter schrieb Goethe nach seinem Austritt traurig: «Mein Schreiber ist von mir weggezogen, und so muß ich, nach so vielen Jahren, selbst wieder die Feder ergreifen. Ob ich einen andern finde, der mir ebenso bequem ist?»

Seinem letzten Getreuen, *Friedrich Krause,* vermachte Goethe testamentarisch 150 Taler und sein Krautland an der Lotte. Er belohnte damit die Fürsorge eines Menschen, der ihm ebenso Diener wie Pfleger, Vertrauter und Begleiter auf der letzten Wegstrecke gewesen ist. Denn Krause war – wie der Schreiber John – bei dem sterbenden Dichter in seiner letzten Nacht. Auf ihn paßt das Wort aus «Wilhelm Meisters Lehrjahren»: «Wenn wir die Menschen nur nehmen, wie sie sind, so machen wir sie schlechter; wenn wir sie behandeln, als wären sie, was sie sein sollten, so bringen wir sie dahin, wohin sie zu bringen sind.»

CHRISTIANE IST VERSCHWENDERISCH

Im November 1812 besuchten Christiane und Caroline den Dichter in Jena. Es gab vieles über die Haushaltung zu besprechen. Vermutlich war Goethe aufgebracht über die hohen Kosten, die aus der getrennten Wirtschaftsführung entstanden. Er hatte schließlich in diesen Wochen, als die Köchin bei ihm in Jena war, selbst einen guten Einblick in die Lebensmittelpreise gewonnen. Zugleich kannte er die zeitweilige Verschwendungssucht seiner Frau.

Schon in seinem letzten Brief hatte der zur Sparsamkeit neigende Haushaltsvorstand angedeutet: «Verzeihe mir aber, wenn ich, um künftig einem verdrüßlichen, allgemeinen Aufwaschen vorzubeugen, im Einzelnen nörgele, wie ich es jetzt mit Heinrichen um die Lichtstümpfchen thue.»

Überhaupt hatte Goethe 1813 wenig Ruhe zum Arbeiten im Hause am Frauenplan. Nicht nur das Befinden Christianes, die mehr und mehr über hohen Blutdruck und zunehmende Schwäche des Verdauungssystems klagte, sondern auch die laufende Entwertung des Geldes, die Leere der Staatskassen und drohende Einquartierung mußten den Empfindlichen beunruhigen. Immerhin gab es in dieser Zeit auch erfreuliche Notizen in Goethes Tagebuch. Am 24. Februar 1813 schrieb er: «Ankunft des Jupiters von Gotha und Aufstellung desselben.»

Im April zogen Russen in Hamburg und Leipzig ein. Sie waren auch in Weimar zu erwarten. Es würde also neuerliche Aufregungen geben. Christiane überredete Goethe voller Angst zu einer erneuten Reise nach Teplitz. Er hatte eigentlich in diesem Jahr einmal zu Hause bleiben wollen. Nun reiste er kurzentschlossen am 17. April ab. Wirklich kamen am Tage darauf die Russen nach Weimar. Christiane war von Herzen froh, Goethe in Sicherheit zu wissen.

Als kleinen Dank sandte Goethe ihr einen literarischen Gruß:

> Ich habe geliebet, nun lieb ich erst recht!
> Erst war ich der Diener, nun bin ich der Knecht.
> Erst war ich der Diener von allen;
> Nun fesselt mich diese scharmante Person,
> Sie tut mir auch alles zur Liebe, zum Lohn,
> Sie kann nur allein mir gefallen.

1813

ERSCHÖPFTE VORRÄTE UND KRANKHEITEN

Infolge der Einquartierung im Hause und der dauernden Durchmärsche sah es mit Christianes Vorräten in diesem Jahr übel aus. Sie mühte sich deshalb nach Kräften, möglichst große Erträge aus Gärten und Krautland zu erzielen. Im unteren Garten am Stern hatte sie unter Goethes Anleitung eine besondere Kartoffelsorte erprobt, auf deren Ernte sie sehnlichst wartete.

Auch mußte infolge der schlechten Finanzlage eine Zwangsanleihe auf das Weimarer Haus genommen werden. Über diese Tatsache und die laufende Entwertung des Geldes war die Hausfrau sehr beunruhigt. Goethe schrieb am 6. Juli 1813 auf Christianes Klagen: «Ich werde diesem Briefe eine Anweisung an Frege auf 300 Thaler beilegen, damit haltet Haus und besorgt die Zwangs-Anleihe, so gut es gehen will. Zwar ist es freilich hart, daß man das, was man soeben mühselig verdient hat, gleich wieder hergeben soll; indessen muß man schon zufrieden sein, daß man es verdienen konnte.»

Zu solchen Kümmernissen gesellte sich die Sorge um den Sohn. August erkrankte an den Masern, was in seinem Alter gar nicht leicht genommen werden durfte. Der Vater schrieb besorgt: «Daß August von einer solchen Krankheit überfallen worden, ist sonderbar genug, er soll sich nur bei der Genesung schonen; denn das ist gerade die gefährlichste Zeit.» Und als Fazit setzte er hinzu: «Das ist ein leidiges Jahr!»

Die Unruhe im Hause nahm vorläufig kein Ende. Erst mußte Christiane den Diener Heinrich entlassen, weil er säumig war. Dann erkrankte auch Caroline Ulrich an den Masern und es gab nun zwei Kranke zu versorgen. Der ferne Hausherr bedauerte seinen Hausschatz sehr: «Ich kann Dir, mein allerliebstes Kind, nicht genug danken, daß Du Dich so ruhig, gefaßt und zugleich thätig erhältst, alles gut einrichtest und August und Uli wieder aufquäkelst.» Aber auch für ihn gab es Ärger. Der Sekretär John wurde ebenfalls krank und konnte nicht arbeiten. Goethe war gerade beschäftigt, die ersten beiden Abschnitte des Aufsatzes «Shakespeare und kein Ende» zu diktieren. Nun mußte John zur Behandlung nach Karlsbad, und nach seiner Genesung wollte Goethe ihn nicht wieder in seinen Dienst nehmen. Er hatte einen anderen Plan: «Mein Gedanke wäre, niemanden wieder ins Haus zu nehmen, sondern einen jungen Menschen zu dingen, der die Morgenstunden für mich schriebe und nachher an seine Geschäfte ginge; was sodann bei mir vorfiele, da könnte mir August beistehn, ich hülfe mir auch wohl selber, wie ich ja auch jetzt thun muß.»

Über Dresden, Waldheim, Altenburg, Gera kommend, traf er am 19. August wieder in Weimar ein.

Silberhochzeit

Am 12. Juli 1788 war Christiane dem Geheimrath im Park zu Weimar entgegengetreten. In Goethes Abwesenheit hatte sich dieser Tag nun zum 25. Male gejährt. So konnten die beiden jetzt in aller Stille das Fest ihrer silbernen Hochzeit begehen – im Gefühl einer Liebe, die sich in den vielen wechselhaften Jahren nicht erschöpft hatte. Sie war vielmehr reicher, tiefer und inniger geworden. Als nachträgliche Huldigung an die immerwährend Geliebte dichtete Goethe auf der Fahrt nach Ilmenau, im rollenden Kutschwagen:

Ich ging im Walde
So vor mich hin,
Und nichts zu suchen
Das war mein Sinn.

Im Schatten sah ich
Ein Blümchen stehn,
Wie Sterne blinkend,
Wie Äuglein schön.

> Ich wollt' es brechen,
> Da sagt' es fein:
> Soll ich zum Welken
> Gebrochen sein?
>
> Mit allen Wurzeln
> Hob ich es aus
> Und trugs zum Garten
> Am hübschen Haus.
>
> Ich pflanzt es wieder
> Am kühlen Ort;
> Nun zweigt und blüht es
> Mir immer fort.

Es war der 26. August 1813, an dem der Dichter sein kleines «Naturwesen» aus Ilmenau so liebevoll grüßte. Nachdem eine jähe Unpäßlichkeit am 22. August die Seinen erschreckt und die Zuziehung von Dr. Huschke notwendig gemacht hatte, zog er sich dorthin zurück.

In Ilmenau verlebte Goethe am 28. August auch seinen 64. Geburtstag. Dem hohen Gast zu Ehren, gab es eine Gratulationscour und des Abends ein Ständchen.

Die ordnende Hand

So vergingen die Tage, bis der 2. September die Heimkehr brachte. Für Weimar blieb das Jahr unruhig. Es gab Gefechte zwischen Franzosen, Russen und Österreichern. Einquartierung kam wieder ins Haus. Die Misere nahm kein Ende. Doch Goethe ließ sich nicht beirren. Er befaßte sich mit Geologie, hielt Auswahl in seinen Sammlungen und ordnete sie neu.

Im Laufe der Jahre hatten sich antike und italienische Kleinplastiken angesammelt, die der Sichtung bedurften. In einem Mappenschrank des kleinen Eßzimmers bewahrte der Hausherr nach besonderer Ordnung seine Handzeichnungen alter Meister auf.

Da aber die Fülle des Vorhandenen immer mehr Platz erforderte, wurden auch das Dienstbotenzimmer und der Gartenpavillon herangezogen. Unordnung und Enge waren Goethes ordnender Hand zuwider.

1814

Veränderungen

Das Jahr 1814 brachte viel Krankheit für Weimar und die umliegenden Gebiete. Als Folge der Truppendurchmärsche wütete eine Art Nervenfieber epidemisch. Goethe und die Seinen blieben glücklicherweise verschont.

Im Hause gab es einige Veränderungen. Der Dichter stellte einen neuen Kopisten ein: Friedrich Theodor David Kräuter, einen Weimarischen Bibliotheksbeamten von liebenswürdiger Wesensart und mancherlei Meriten. Goethe, der sich immer wieder schwer an einen neuen Getreuen gewöhnte, schien nach einiger Zeit recht zufrieden.

Im Februar 1814 verlobte sich Caroline Ulrich mit Goethes bisherigem Hausgenossen, Friedrich Wilhelm Riemer. Und August, der Sohn, erwartete sein Dekret zum Kammerjunker, weshalb er sich im Dienst bei Hofe besonders befleißigte.

Am 23. Februar schrieb Goethe an Zelter wegen seiner Pläne für den Sommer: «Wahrscheinlich entferne ich mich diesen Sommer nicht von Weimar.» Den Grund hierfür gab er auch gleich bekannt: «Mein nächster Wunsch ist nun, daß unser guter Hofrath Meyer aus der Schweiz komme, damit ich meine Kunstschätze mit ihm genieße, denen ich durch gute Ordnung den Segen bereitet habe, sie unschätzbar und unerwartet vermehrt zu sehen.»

Es blieb aber nicht bei Goethes Vorsatz. In Berka an der Ilm war ein renommiertes Kurbad errichtet worden, und Goethe entschloß sich, im Sommer mit Christiane und Caroline dorthin zu gehen. Das liebliche Städtchen mit seiner Gemächlichkeit lockte zum Aufenthalt, wie denn auch die Schwefelbäder dort Goethes Gesundheit dienlich sein würden.

Ein Quartier fand sich bald im Berkaer «Edelhof». Am 13. Mai übersiedelten die drei dorthin.

Neuerliche Eingabe

Noch einmal wandte der Hausherr sich wegen eines Dienstboten an die Behörden. Dieses Mal ging es um die Köchin. Goethe schrieb an den Weimarischen Staatsbeamten Christian Friedrich Carl von Wolfskeel:

«Ew. Hochwohlgeb. nehme mir die Freiheit, wegen einer Angelegenheit zu behelligen, welche mir in meinen häuslichen Verhältnissen manches Unangenehme verursacht. Es dient nämlich bey mir eine Köchin, welche übel verheirathet ist, und von ihrem Manne, einem Bäckergesellen, der sich bald auswärts, bald hier aufhält, auf allerley Weise molestirt, besonders aber von Zeit zu Zeit nicht auf die höflichste Weise um Geld angegangen wird. Dieses Ehepaar ist auch schon der Scheidung wegen vor Herzoglichen Consistorio gewesen; was entgegensteht, daß die Trennung der Ehe nicht erfolgt, ist mir nicht ganz klar, gegenwärtig aber geht mein Wunsch und meine Bitte dahin, daß Ew. Hochwohlgeb. insofern die Sache thunlich, sowohl um dieser Person, als um meiner häuslichen Ruhe willen, die Scheidung gütig und gesetzlich befördern mögen. Denn leider wirken solche Händel auf den Dienst zurück, und man weiß oft gar nicht, warum unversehens eine solche Person aus dem gewohnten Gleise tritt und sich ungeberdig stellt, wenn man eine ganze Weile mit ihr zufrieden zu seyn Ursache hat. Für diese so wie für so manche andere Geneigtheit verpflichtet, werde nicht aufhören mit der vollkommensten Hochachtung zu beharren.

Johann Wolfgang von Goethe
Anfang Mai 1814»

Da kein weiteres Ärgernis mit der Köchin bekannt geworden ist, und auch kein Wechsel stattfand, dürfen wir annehmen, daß Goethe mit seiner Eingabe Erfolg hatte.

Reiselust

Für die Frauenzimmer gestaltete sich der Aufenthalt in Berka recht kurzweilig, denn sie pendelten ständig nach Weimar herüber, um in Haus und Garten nach dem Rechten zu sehen. Auch ließen sie von der Köchin zu Hause das Essen bereiten, um es in Behältern mit nach Berka zu nehmen.

Bis zum 25. Juni blieben sie zu dritt im friedlichen Ilm-Städtchen. Dann kam Freund Zelter, um Goethe nach Weimar abzuholen. Obgleich dieser vor vier Tagen mit dem «West-Östlichen Divan» begonnen hatte, packte er doch sein Schreibzeug zusammen. Die Reiselust ergriff Goethe. Und schon am 24. Juli rüstete er, um nach Wiesbaden aufzubrechen.

Christiane hatte dem Gatten geraten, dieses Mal im geschlossenen Wagen zu fahren, «im Fahrhäuschen», wie Goethe es nannte. Dieser Rat erwies sich als nützlich. Die Hitze konnte dem Fahrgast weniger anhaben, auch war er vor Zugluft und bösem Wetter geschützt.

Zum Spaß der Zurückbleibenden brachte Goethe auf der Reise ein paar Verse zu Papier:

Artges Häuschen hab ich klein,
Und, darin verstecket,
Bin ich vor der Sonne Schein,
Gar bequem, bedecket:
Denn da gibt es Schalterlein,
Federchen und Lädchen;
Finde mich so wohl allein,
Als mit hübschen Mädchen.

Denn, o Wunder! mir zur Lust
Regen sich die Wälder,
Drückte gern an meine Brust
die beblümten Felder.
Und so tanzen auch vorbei
Die vollkommnen Berge;
Fehlt nur noch das Lustgeschrei
Der vertrackten Zwerge.

Doch so gänzlich still und stumm
Rennt es mir vorüber,
Meistens grad und oft auch krumm,
Und so ist mirs lieber.
Wenn ichs recht betrachten will
Und es ernst gewahre,
Steht vielleicht das alles still,
Und ich selber fahre.

Ganz besonders erfreute den Reisenden das köstliche Essen, das ihm überall serviert wurde. Der Gourmet Goethe fühlte sich vor allem im Hause des Senators Franz Brentano in Winkel am Rhein, wo er vom 1. September für einige Tage weilte, auf das Behaglichste verwöhnt. «Nun, nun», schrieb er darüber an Christiane, «an der Seite ein Lob der Gemüse, Wirsching und Kohlrabi, wie ich sie in vielen Jahren nicht gegessen. Nun steht meine Hoffnung auf Artischocken!» Ein lukullischer Vierzeiler – Lob der Artischocke – fiel ihm dabei ein:

> Ein Liebchen ist der Zeitvertreib,
> auf den ich jetzt mich spitze,
> Sie hat einen gar so schlanken Leib
> und trägt eine Stachelmütze.

Um auch Christine an diesen Genüssen teilhaben zu lassen, kaufte der Hausherr auf der Rückreise mehrere Kisten Wein, Schwalbacher Wasser und manches Pfund Kastanien ein.

Hochzeit Riemers

Am 27. Oktober war Goethe wieder einmal am Frauenplan. Er kam gerade zu den Vorbereitungen der Hochzeit Riemers mit Caroline zurecht. Sie fand am 8. November statt. Goethe und Christiane nahmen daran teil – beide mit einem Gefühl der Wehmut, denn Caroline war ihnen sehr lieb geworden. Vor allem für Christiane mußte dieser Tag schmerzlich sein. Sie verlor mehr als eine Gesellschafterin: eine jugendliche Freundin, eine Stütze in einer Zeit, die ihr beängstigend das Nachlassen der eigenen Kräfte vor Augen führte.

Christiane machte sich mit Recht Sorgen um die Zukunft.

CHRISTIANES KRANKHEIT

Die Ereignisse des Jahres 1815 sollten beweisen, wie begründet solche Sorgen waren. Denn schon am Montag, den 9. Januar, erlitt Christiane einen Schlaganfall, von dem sie sich nicht mehr ganz erholte. Als Goethe und seine Frau wie alltäglich vor dem Mittagessen in Weimar spazierenfuhren, scheuten die Pferde. Christiane wurde durch den Schreck ohnmächtig. Goethe vermerkte in seinem Tagebuch: «Spazieren gefahren. Doppelter Unfall. Mittag gestört. Herstellung. Besuche.»

Der Bluthochdruck, unter dem Christiane konstitutionell litt, nahm jetzt lebensbedrohliche Formen an. Goethe schrieb sehr erschreckt an den Jenaer Arzt, Dietrich Georg Kieser, nachdem Hofrat Huschke sich in den kritischen Tagen der Kranken angenommen und sie einigermaßen wieder hergestellt hatte: «Meine Frau wird in diesen Tagen nach Jena gehen, da ihr eine Ortsveränderung und Zerstreuung sehr nöthig tut. Haben Sie die Güte, ihr einige Aufmerksamkeit zu schenken. Herr Hofrath Stark ist von allem unterrichtet, es würde mir sehr erwünscht sein, wenn Sie mit ihm über ihren Zustand conferieren möchten.»

Christianes Krankheit gab leider auch Anlaß zu lieblosen, verletzenden Kritiken an ihrer Lebensweise. So äußerte sich Riemer zu Frommann in Jena erstaunlich kühl über eine Frau, die ihm lange Jahre hindurch nur Gutes erwiesen hatte: «Der Schlag oder eine Art von Schlag im Wagen hat seine Richtigkeit, wiewohl die Dame das selbst nicht weiß. Unterdeß ist alles wieder gut, und es sind schon Supplicationen angestellt worden, oder vielmehr herumgeschickt, Visiten-Charten mit der Inschrift: ‹Für genommenen Antheil höchlich dankbar.› Das Gegentheil wäre für *ihn* vielleicht gut gewesen; für uns andre gewiß.»

GLÜCK IM UNGLÜCK

Zum großen Glück für Goethe und Christiane fand sich in der Misere wieder eine Gesellschafterin, der man vertrauen konnte. Es war Johanna Christiane Sophia Kirsch, die Tochter des Pastors Johann Christian Müller in Troistedt, die Anno 1800 den Kaffeehausbesitzer Johann Christian Wilhelm Kirsch in Weimar geheiratet hatte. Madame Kirsch fand sich schnell in die Verhältnisse. Weder Goethe noch Christiane hatten je über sie zu klagen. Ein weiterer Segen war, daß August zu Hause war und dem Vater getreulich zur Seite stand. Denn auch Goethe kränkelte zeitweise wieder. Am 6. März stellte sich bei ihm ein böser Katarrh ein. Am 11. notierte er: «Nachmittag wegen Übelbefindens in das hintere Zimmer.» Am 12. blieb er den ganzen Tag isoliert in seinem Reich; noch am 22. März dauerte der Katarrh «gewaltsam fort». Am 27. blieb der Dichter gleichfalls zu Bette, auch am 28. und 29. Am 30. März ging es endlich bedeutend besser. Goethe erfreute sich bei schönem Wetter am Hausgarten, wo er die Beete in Augenschein nahm und die Frühjahrsbestellung anordnete.

Christiane war bereits am 2. März mit Madame Kirsch zur Kur nach Jena gereist. Nun kamen von dort beruhigende Nachrichten. «Ich befinde mich jetzt ganz leidlich hier», teilte sie mit. Nach der strengen Diät von Hofrath Huschke hoffte sie unter der sanfteren Regie der Jenaer Ärzte ihren Magen «noch in Ordnung» zu bringen.

Am 24. Mai machte Goethe sich auf den Weg in die altvertrauten Gegenden an Rhein und Main, wo er in den vergangenen Jahren so viele freudvollschöne Sommertage verlebt hatte. Auf der Reise arbeitete er weiter am «West-Östlichen Divan». Erste Suleika-Gedichte entstanden.

Christiane reiste mit Madame Kirsch weiter nach Karlsbad, wo sie vom 4. Juni bis zum 7. August zur Nachkur weilte. Scheinbar gestärkt kehrte sie nach Weimar zurück.

Ein Haus wird gekauft

Nach Goethes Rückkehr am 11. Oktober – er war fast fünf Monate abwesend gewesen – verwirklichte er einen längst gehegten Plan: Er kaufte das Nachbarhaus des verstorbenen Kanzleibeamten Johann Wilhelm Treuter, um sich mit seinen Sammlungen und Kunstschätzen ungehindert ausbreiten zu können. Mit seiner ganzen Gründlichkeit ging Goethe daran, das recht vernachlässigte Anwesen umbauen und renovieren zu lassen. Es dauerte Monate, bis er mit Kisten und Kästen darin Einzug halten konnte. Endlich war es möglich, Ordnung in die mannigfaltigen Sammlungen zu bringen.

Der Zauberlehrling

Das Jahr 1816 begann unter günstigen Vorzeichen. Goethe und seine Frau hatten über ihr Befinden kaum zu klagen. Die Tage liefen ebenmäßig dahin. Die Mahlzeiten wurden mehr denn je im Familienkreise eingenommen. Spazierfahrten brachten Abwechslung. Im März sah der Hausherr erstmals nach den Gärten. Die Rabatten verlangten nach neuem Schnitt; es galt, Wege zu ebnen und Sand aufzufahren. Pläne für neue Pflanzungen wurden schon jetzt gefertigt, damit Ernst, der Gärtner, sich entsprechend einrichtete.

Am 11. Mai ging Goethe auf einige Wochen nach Jena. Der Frühjahrsputz vertrieb ihn aus dem Heim. Da er die Arbeit am «West-Östlichen Divan» nicht unterbrechen wollte, flüchtete er wieder in die Jenaer Klause. Dorthin schrieb Christiane am 15. Mai: «Bei uns ist alles in Tumult, der Zauberlehrling ist in allen Zimmern eingekehrt; Deine Zimmer sind aber alle schon fertig. Minchen ist mit Arbeit noch ganz beschäftigt.»

In scherzhafter Weise übernahm die Hausfrau den Begriff des «Zauberlehrlings», der in allen Räumen einkehrt und sie erneuert, aus Goethes Ballade. Es war das einzige Zitat neben jenem aus «Reineke Fuchs»: Pfingsten, das liebliche Fest..., das ihr aus den Werken ihres Mannes geläufig war. Wenn sie einmal ihre Gurken als «Odysseeische, langnäsige Völker» bezeichnete, so übernahm sie diesen Vergleich wahrscheinlich von Goethes Schreiber Kräuter.

Letzte Briefe

Noch am 18. Mai 1816 gab Christiane dem Gatten eine beglückende Schilderung des Gartens am Hause: «Dein Garten steht gegenwärtig in seiner größten Pracht, und es macht wirklich verdrüßlich, daß die üble Witterung so wenig im Freien zu sein erlaubt. Die Äpfelbäume blühen in höchster Fülle, es steht Blüthe an Blüthe, die Rabatten vor Deinen Fenstern schmücken die schönsten gefüllten Tulipanen, deren schöne Farben die stolzen Kaiserkronen verdunkeln, und trotz der geringen Wärme und den kühlen Nächten reift doch alles der Vollkommenheit entgegen. Möge Dich die schöne Blüthe in Jena für diese Entbehrung reichlichst entschädigen.»

Noch am gleichen Tage erlitt Christiane wieder einen Anfall. Der Tod trat an ihr Lager. Zwar erholte sie sich noch einmal leidlich, und ihre kräftige Natur schien den Sieg über Verfall und Tod davonzutragen. Doch eine Genesung gab es nicht mehr.

Christianes letzter Gruß an den geliebten «Geheimrath» in Jena war eine Bitte um Vergebung, «daß ich Deinen gut gemeinten Rath wegen des Aderlasses nicht schleunig genug nachgekommen, wodurch höchst wahrscheinlich ich diesem Unfalle entgangen wäre.»

In ihrer liebenden Demut und dem Wunsche, den Gatten nicht zu beunruhigen, ging sie so weit, ihren Zustand zu verschleiern, obwohl sie am besten wußte, wie es um sie stand. «Gegenwärtig befinde ich mich ziemlich wohl», diktierte sie Kräuter, «der Kopf ist mir sehr leicht, alle Sinne sind frei und heiter, und nirgends ist mehr ein Druck oder betäubende Schwere zu bemerken. Nur die spanische Fliege incommodirt mich noch etwas.» Und da das

Wohl des geliebten Mannes ihr mehr als das eigene Leiden am Herzen lag, sorgte Christiane dafür, daß zwei Bouteillen Wertheimer nach Jena geschickt wurden. Es war das letzte Zeichen unversiegbarer, sorgender Liebe, das Goethe von seiner Frau erhielt. Nach schwerstem Todeskampf verschied die «liebe Kleine», das «Blütenherz» am 6. Juni 1816 gegen Mittag, nach einem erfüllten Leben voller Hingabe an ihre kleine und doch so große Welt.

Goethes Trauer

«Leere und Totenstille in und außer mir», lesen wir am 6. Juni in Goethes Tagebuch. Was er dort in aller eindringlichen Kürze und Schlichtheit vermerkt, wandelt sich in dichterische Form.

> Du versuchst, o Sonne, vergebens
> Durch die düstern Wolken zu scheinen!
> Der ganze Gewinn meines Lebens
> Ist, ihren Verlust zu beweinen.

Später klingt es bereits getröstet:

> Gott hab ich und die Kleine
> Im Lied erhalten reine.
> So laßt mir das Gedächtnis
> Als fröhliches Vermächtnis.

> Ein rascher Sinn, der keinen Zweifel hegt,
> Stets denkt und tut und niemals überlegt;
> Ein treues Herz, das, wie empfängt, so gibt,
> Genießt und mitteilt, lebt, indem es liebt;
> Froh glänzend Auge, Wange frisch und rot,
> Nie schön gepriesen, hübsch bis in den Tod.

Der Alltag ohne Christiane

Wie aber sah Goethes Hauswesen nach Christianes Tod aus? Wir wissen, daß er schon vier Tage danach, nämlich am 10. Juni 1816, ihre Zimmer ausräumen und neu einrichten ließ. Auch die Wirtschaftsräume wurden verlegt. Das war keine Mißachtung, keine Pietätlosigkeit. Vielmehr ertrug Goethes ruheloser Geist nicht das «leere Gehäuse», in dem das emsig wirkende, liebe Wesen, Christiane, fehlte! Den Schmerz überwindend, wandte der Dichter sich wieder seinen Arbeiten zu, ließ sich von der Köchin versorgen, und später, als der Sohn 1817 die Ehe mit Ottilie von Pogwisch einging, ordnete er sich willig der neuen Herrin im Hause, der Schwiegertochter, unter. Überblicken wir den ferneren Lebensweg Goethes, die Spanne, die er ohne die liebevoll sorgende Hausfrau, zurücklegte, so wird nicht sogleich die Lücke offenbar, die ihr Tod hinterließ. Und doch ist unschwer zu erkennen, daß es nicht mehr Goethes ureigenstes Hauswesen war, in dem er die nachfolgenden Jahre verbrachte. Es fehlte der von Liebe und Heiterkeit, von Gutherzigkeit und freudigem Ernst getragene Impuls Christianes. Es fehlte die gegenseitige Abstimmung und Toleranz der Lebensführung, es fehlte schließlich das unruhevoll-geschäftige Weben und Wirken der Frauenzimmer, die Goethe einmal scherzhaft als «liebenswürdige, unruhige Ungethüme» bezeichnet hatte, die man nicht los werde, «man mag sich stellen, wie man will».

Als dann in wenigen Jahren junges Leben die Räume am Frauenplan erfüllte, als sich die Enkel, Walter, Wolfgang und Alma tummelten, da trat der Geheimrath mehr und mehr in den stillen, «großväterlichen» Hintergrund zurück. Er ließ, voller Verständnis für das neue Geschlecht, das da heranwuchs, den Dingen ihren Lauf. Die junge Hausfrau hatte einen anderen Lebensstil; sie war schöngeistig, klug, lässig, mehr den schwerelosen Dingen zugetan. Sie sah wohl im «Vater» ihren größten, besten Freund; doch sich herzhaft mit eigener Hand um sein leibliches Wohl, seine natürlichen Bedürfnisse anzunehmen, wie Christiane es getan hatte, entsprach nicht ihrer Veranlagung.

Der Alternde tat's mit der großen Geste des Weisen ab. Seine Einsicht in die Unbeständigkeit allen irdischen Lebens half ihm über den Verlust hinweg.

Im Jahre 1826, am 10. Todestag der lieben Hausfrau, schrieb Goethe das Gedicht «Der Bräutigam» nieder. Und wenn auch Christianes Name nicht ausdrücklich darin genannt wird, so wissen wir doch, an wen er dachte, wenn er in der letzten Strophe sagt:

> Um Mitternacht, der Sterne Glanz geleitet
> Im holden Traum zur Schwelle, wo sie ruht.
> O sei auch mir dort auszuruhn bereitet!
> Wie es auch sei, das Leben, *es ist gut!*

Erfüllung und Verzicht (Nachwort)

Goethes Liebesbeziehung zu Christiane Vulpius bringt eine große Erfüllung, aber sie beinhaltet ebenso einen schmerzlichen Verzicht. Hans Gerhard Gräf, der verdienstvolle Herausgeber von «Goethes Briefwechsel mit seiner Frau» (1916), spricht denn auch von einem «Abenteuer, ... ein gefährliches, nur halb geglücktes Experiment». Wollen wir diesen Gewinn und jenen Verlust abschätzen, so müssen wir zurückblättern in der Geschichte von Goethes Gefühlen.

November 1775. Goethe trifft in Weimar ein. Ein unerhört starker Magnet zieht gleich seine ganze Person an sich: Frau von Stein. Sie ist unglücklich verheiratet, hat Kinder, ist sieben Jahre älter als er. Und trotzdem – Goethes Geist, seine Seele, seine Sinne sind gebannt, kommen von dieser Frau, die zart, ätherisch und oft kränklich ist, nicht mehr los. «Sag was will das Schicksal uns bereiten? / Sag wie band es uns so rein genau? / Ach du warst in abgelebten Zeiten / Meine Schwester oder meine Frau... Und von allem dem schwebt ein Erinnern / Nur noch um das ungewisse Herz / Fühlt die alte Wahrheit ewig gleich im Innern. / Und der neue Zustand wird ihm Schmerz.» (Briefgedicht an Frau von Stein vom 14. April 1776) Innigkeit und Seelenverwandtschaft, aber der Umgang der beiden wird eingeengt und beschränkt, ist mehr Erinnerung und Ahnung als erfüllte Gegenwart. Wer engt ein und beschränkt? Die gute Weimarer Gesellschaft in ihrer Erstarrung und Intransigenz. Vor allem aber Frau von Stein selbst – weil sie die Normen dieser Gesellschaft ganz zu ihren eignen macht, weil sie letztlich doch immer wie eine Berührungsangst vor Goethe verspürt. Ihre

Contenance grenzt an Frigidität. Eigenartig, hier trifft sich die Geliebte mit Goethes zärtlich verehrter Schwester Cornelia: beide sind sie von fragilster seelischer Konstitution, beiden ist der Bereich der Sinnlichkeit als Sexualität und Erotik weitgehend verschlossen.

Juni 1788. Goethe kehrt, überreich an beglückenden Kunst- und Lebenserfahrungen, aus Italien nach Weimar heim. Doch seine Hoffnung auf die läuternde Kraft der Entfernung geht nicht in Erfüllung: die Rückkehr zur immer noch geliebten Frau von Stein steht unter einem Unstern. «Leider warst du, als ich ankam, in einer sonderbaren Stimmung ... daß die Art wie du mich empfingst, wie mich andre nahmen, für mich äußerst empfindlich war... Was ich in Italien verlassen habe ... du hast mein Vertrauen darüber unfreundlich genug aufgenommen.» (Brief an Frau von Stein vom 1. Juni 1789) Der solchermaßen erschütterte Goethe ist zerrissen, verunsichert, gekränkt. Als ihm kurz darauf ein blühendes, einfaches, völlig natürliches Mädchen entgegentritt – da ergreift er gleichsam die Flucht nach vorn: er verliebt sich und beginnt ein Verhältnis. Goethe, der höchstwahrscheinlich ganz spät, im Januar 1788 in Rom, zum erstenmal in seinem Leben mit einem Mädchen geschlafen hat, Goethe ist nun nicht mehr bereit, auf Sexualität und Eros zu verzichten. Die Kälte Frau von Steins, jetzt gepaart mit ihrem Unverständnis, kann er nicht länger ertragen. Seine entwurzelte Existenz findet im Naturwesen Christiane Nahrung und Halt. Und jenes Glück der Sinne, das er bald in seinen «Römischen Elegien» evozieren und verherrlichen wird.

Diese Liaison läßt sich im kleinen Weimar auf die Dauer nicht verheimlichen. Frau von Stein erfährt davon. Goethe versucht das Schlimmste doch noch abzuwenden. Seine zwei letzten Briefe an Frau von Stein sind erschütternd, weil deutlich wird, was auf dem Spiele steht – und nach dreizehn Jahren nun unwiederbringlich verloren geht. Im Schreiben vom 1. Juni 1789 heißt es: «Wer macht Anspruch an die Empfindungen die ich dem armen Geschöpf gönne? Wer an die Stunden die ich mit ihr zubringe?» Und am 8. Juni: «Hilf mir selbst, daß das Verhältniss das dir zuwider ist, nicht ausarte, sondern stehen bleibe wie es steht. – Schenke mir dein Vertrauen wieder, sieh die Sache aus einem natürlichen Gesichtspuncte an, erlaube mir dir ein gelassnes wahres Wort darüber zu sagen und ich kann hoffen es soll sich alles zwischen uns rein und gut herstellen.» Aber Frau von Stein schweigt. Zugleich mit der Beziehung zu ihr zerbricht in Goethe etwas noch Umfassenderes: die Fähigkeit, dem Du mit Urvertrauen sich zu öffnen. Er umgibt von jetzt an die Zitadelle seines innersten Ich mit undurchdringlichen Mauern. Die Jahre 1788/1789 markieren eine tiefgreifende Wende in Goethes Leben, denn mit dem Verlust Frau von Steins schwindet in Goethe die Sehnsucht, ein Du zu finden – sei es als Freund, sei es als geliebte Frau –, dem man mit der Ganzheit seiner Person entgegenzutreten hätte. Die menschlichen Begegnungen entbehren fortan des faszinierenden, des verzehrenden Impetus der Jugendzeit; der reif und weise gewordene Goethe begnügt sich mit Teillösungen.

So versagt Goethe dem jüngeren Schiller – dem treuen Gefährten geistiger Abenteuer – die Vertrautheit und Wärme des freundschaftlichen Du. So läßt Goethe Christiane mit ihrer unschuldigen Innigkeit zu seiner Lebensgefährtin werden, obwohl er von

Anfang an weiß, daß ihm ein geistiges Zwiegespräch mit ihr wird versagt bleiben. Was auf diese beschränkte Weise in Erfüllung gehen darf, ist dafür um so erfreulicher. Christiane schenkt Goethe die Freuden einer treuen erotischen Hingabe, einer nahezu grenzenlosen Ausrichtung ihrer Gefühle und Gedanken auf den einzig geliebten Mann. Goethe erlebt durch Christiane das Glück, Vater zu werden; für ihn, der er die Kinder stets geliebt und sich einfühlsam mit ihnen abgegeben hat, ist das ein kaum zu überschätzendes Geschenk. Christianes naives, bodenständiges, den konkreten Dingen zugewandtes Wesen versteht es, den komplizierten Haushalt am Frauenplan ordentlich und ansprechend zu führen. Sie umsorgt den vielbeschäftigten Mann und verwöhnt ihn mit den Annehmlichkeiten der Häuslichkeit. Wohl erstmals seit den fernen Tagen von Sesenheim, seit Friederike Brions Liebe erlebt Goethe in Christiane bei einer Frau Wärme und Geborgenheit.

Die Weimarer Gesellschaft freilich lehnte diese Beziehung zu einem Mädchen von bescheidener Herkunft strikte ab. Der Minister, der geadelte Hofmann, der berühmte Dichter hatte sich standesgemäß zu verehelichen! Das schöne Glück mußten also Goethe und Christiane schwer erkaufen: sie mußten lernen, mit der nicht immer stillen Verachtung der Weimarer zu leben. Vor allem für Christiane hat das sicher viel Leid und Verdruß bedeutet, konnte sie sich doch nicht einfach, wie Goethe es tat, nach Jena zurückziehen oder auf Reisen gehen. Sie hat trotzdem alles tapfer auf sich genommen. Aber auch Goethe hat oft unter dieser Situation gelitten: «Jedes Schlimme, Schlimmste, was uns innerhalb des Gesetzes begegnet ... immer noch nicht den tausendsten Theil der Unbilden aufwiegt, die wir durchkämpfen müssen, wenn wir außer oder neben dem Gesetz ... (einhergehen) und doch zugleich mit uns selbst, mit andern und der moralischen Weltordnung im Gleichgewicht zu bleiben die Nothwendigkeit empfinden.» (Brief an Schubarth vom 7. November 1821)

Wieso wagte Goethe achtzehn Jahre lang nicht, den Schritt in die amtlich beglaubigte Ehe zu tun? Kurt Eissler weist in seinem faszinierenden Werk «Goethe. Eine psychoanalytische Studie» (1983/85) auf mögliche Erklärungen hin für dieses seltsame Verhalten. «Ich glaube, daß Goethe diese Beziehung auf einem hohen Niveau emotionaler Spannung halten wollte, indem er die Illegitimität nicht aufhob ... daß Christiane die gesamte Verantwortung akzeptierte, daß sie Goethe niemals anklagte, sondern sich selbst schuldig fühlte ... all dies muß ein Quell größter Unterstützung für Goethe gewesen sein, dem verziehen wurde, noch bevor er darum bat. Darüber hinaus wurde die ganze Frage der Schuld – meiner Meinung nach für Goethe untrennbar verbunden mit unmittelbar sexuellen Wünschen – auf diese Weise auf einen äußeren sozialen Faktor verschoben...»

Das Ergründen einer intensiven Beziehung zwischen zwei Menschen muß immer Annäherung, ja Stückwerk bleiben. Ein Aspekt des Verhältnisses Goethe–Christiane sei aber noch kurz beleuchtet. Die Disproportion der beiden hat denn doch etwas Ungeheuerliches! Das Wissen, das Geld, das Ansehen, die Verfügungsgewalt sind ganz auf den Mann konzentriert; die Frau ist auf Gefühl, Haushalt und Mutterschaft, Ergebenheit und Abhängigkeit festgelegt. Im Grunde behandelte Goethe Christiane zeitlebens als Kind. Zwei Zitate mögen zeigen, daß sich darin eine generellere Tendenz Goethes ausdrückt. Über die Frau des Diplomaten Reinhard schreibt Goethe am 16. Juli 1807 an Christiane: «Sie ist eine gute Mutter und thätige Gattin, aber belesen, politisch und schreibselig, Eigenschaften, die Du Dir nicht anmaßest.» Und zu Riemer äußert er am 20. November 1806 die Meinung: «Das Weib ist ein organisiertes Gebären, das Organ des Gebärens. Des Mannes Télos (Bestimmung) ist viel idealer und geistiger. Und sein Verdienst besteht im ideellen und geistigen Wirken.» So sind auch die Frauengestalten im Werk Goethes idealtypische Verkörperungen des traditionellen Frauenbildes – mit der geheimnisvollen Tiefe ihres Gefühls und dem heiteren Glanz ihrer Sittlichkeit unvergeßliche Figuren. Aber was ihnen fast völlig fehlt, ist das provokative und befreiende, das zukunftsweisende Potential einer Gestalt wie Ibsens Nora (1879).

Nora, von ihrem Mann ebenfalls nur als Kind behandelt, erträgt diese selbstgerechte Beschützerrolle dann nicht mehr, als sie erfahren muß, daß sich hinter der Fassade seiner Werte nur zynischer Egoismus verbirgt. Christiane allerdings durfte bis zum letzten Augenblick sich von Goethe geliebt und beschützt fühlen.

Robert Steiger

Inhaltsverzeichnis

1788

Metamorphose 9

1789

Neuer Beginn 13
Wechselvolles Dasein 14

1792

Umbau des Hauses am Frauenplan 16
Goethes Haus zu seiner Zeit 17
In Goethes eigenem Reich 20
Juno- und Urbinozimmer 21

1793

Unruhige Zeiten 22
Ungetreue Dienstboten 24

1794

Holde Gewohnheit 25

1795

Geburt und Tod des vierten Kindes 27
Lukullische Nöte 28

1796

Krautland wird gekauft 29
Böse Zungen 30

1797

Unruhiger Jahreswechsel 30
Christianes finanzielle Nöte 31
Goethes Buchführung 32
Verliebte Briefchen 33
Gustel schreibt dem Vater 34
Reise nach Frankfurt 35
Reise in die Schweiz 36

1798

Häusliche Freuden   37
Gartenarbeit   38
Gustel wird selbständig   39
Goethe wird Gutsbesitzer   40
Schlachtfest   41

1799

Goethe als Sammler   42
Goethes Equipage   43
Häuslicher Verdruß   45
Gartenfest in Jena   47
Übersetzung des «Mahomet»   47
Der alte Garten   48
Die böse Köchin   50
Karl von Schiller auf Besuch   50
Präsente der Frau Aja   51
Verschönerungen im Hause   52

1800

Reise nach Leipzig   53
Teurer Haushalt   55
Christiane und das Werk Goethes   55
Getrenntes Weihnachtsfest   56

1801

Krankheit Goethes   58
Treffpunkt Kassel   59

1802

Arbeit an der «Natürlichen Tochter»   60
Unpäßlichkeit Christianes   60
Gustel wird konfirmiert   61
Geburt und Tod des fünften Kindes   62

1803

Goethe kränkelt   62
Kur in Lauchstädt   63
Ein neuer Hausgenosse   64

1804

Götz von Berlichingen   65

1805

Und wieder Krankheit   65
Schillers Tod   67
Goethe in Lauchstädt   68
Eine Eingabe Goethes   68

1806

Düsterer Horizont   70
Reise nach Karlsbad   71
Goethe in Lebensgefahr   71
Der verhängnisvolle Tag   73
Der Bund wird geschlossen   76
Rückkehr zum Alltag   79

1807

Reisen   79
Neuigkeiten vom Frauenplan   81

1808

Beglückende Vielfalt   82
Tod der Mutter   82
Neue Aufgaben für Christiane   83
Nachlaß der Mutter   85
Viel Besuch   86

1809

Der alte Wacholderbaum   86
Wahlverwandtschaften   87
Die Lustigen von Weimar   89
Goethe als Gärtner   90
Gustel kommt nach Jena   91

1810

Freiwillige Hauscapelle   92
Warenaustausch Weimar–Jena   92

Reisevorbereitungen 94
Neuigkeiten aus Weimar 95
Die Köchin wird beschenkt 97
Ein «Schwänchen» vom Geheimrath 97
Glückhafte Rückkehr 98

1811

Die neue Eingabe 99
Aufenthalt in Karlsbad 102

1812

Begegnung mit Beethoven 104
Goethes Getreue 105
Christiane ist verschwenderisch 108

1813

Erschöpfte Vorräte und Krankheiten 109
Silberhochzeit 111
Die ordnende Hand 112

1814

Veränderungen 113
Neuerliche Eingabe 114
Reiselust 115
Hochzeit Riemers 117

1815

Christianes Krankheit 118
Glück im Unglück 119
Ein Haus wird gekauft 120

1816

Der Zauberlehrling 121
Letzte Briefe 122
Goethes Trauer 123
Der Alltag ohne Christiane 124

Nachwort 127

1798

Häusliche Freuden 37
Gartenarbeit 38
Gustel wird selbständig 39
Goethe wird Gutsbesitzer 40
Schlachtfest 41

1799

Goethe als Sammler 42
Goethes Equipage 43
Häuslicher Verdruß 45
Gartenfest in Jena 47
Übersetzung des «Mahomet» 47
Der alte Garten 48
Die böse Köchin 50
Karl von Schiller auf Besuch 50
Präsente der Frau Aja 51
Verschönerungen im Hause 52

1800

Reise nach Leipzig 53
Teurer Haushalt 55
Christiane und das Werk Goethes 55
Getrenntes Weihnachtsfest 56

1801

Krankheit Goethes 58
Treffpunkt Kassel 59

1802

Arbeit an der «Natürlichen Tochter» 60
Unpäßlichkeit Christianes 60
Gustel wird konfirmiert 61
Geburt und Tod des fünften Kindes 62

1803

Goethe kränkelt 62
Kur in Lauchstädt 63
Ein neuer Hausgenosse 64

Inhaltsverzeichnis

1788

Metamorphose   9

1789

Neuer Beginn   13
Wechselvolles Dasein   14

1792

Umbau des Hauses am Frauenplan   16
Goethes Haus zu seiner Zeit   17
In Goethes eigenem Reich   20
Juno- und Urbinozimmer   21

1793

Unruhige Zeiten   22
Ungetreue Dienstboten   24

1794

Holde Gewohnheit   25

1795

Geburt und Tod des vierten Kindes   27
Lukullische Nöte   28

1796

Krautland wird gekauft   29
Böse Zungen   30

1797

Unruhiger Jahreswechsel   30
Christianes finanzielle Nöte   31
Goethes Buchführung   32
Verliebte Briefchen   33
Gustel schreibt dem Vater   34
Reise nach Frankfurt   35
Reise in die Schweiz   36